CONSERVAS CASERAS

María Mestayer de Echagüe
(Marquesa de Parabere)

María Mestayer de Echagüe
(Marquesa *de* **Parabere)**

ENCICLOPEDIA CULINARIA

CONSERVAS CASERAS

ESPASA-CALPE. S.A.

ES PROPIEDAD

© Herederos de María Mestayer de Echagüe (Marquesa de Parabere), 2011
© Editorial Planeta, S. A.
   Espasa es un sello editorial de Editorial Planeta, S. A.
   Avda. Diagonal, 662-664
   08034 Barcelona

Diseño de la cubierta: más!gráfica
Ilustración de la cubierta: Longoria

ISBN: 978-84-670-3822-4
Depósito legal: B. 37.682-2011

No se permite la reproducción total o parcial de este libro, ni su incorporación a un sistema informático, ni su transmisión en cualquier forma o por cualquier medio, sea este electrónico, mecánico, por fotocopia, por grabación u otros métodos, sin el permiso previo y por escrito del editor. La infracción de los derechos mencionados puede ser constitutiva de delito contra la propiedad intelectual (arts. 270 y siguientes del Código Penal).

Diríjase a CEDRO (Centro Español de Derechos Reprográficos) si necesita fotocopiar o escanear algún fragmento de esta obra. Puede contactar con CEDRO a través de la web www.conlicencia.com o por teléfono en el 91 702 19 70 / 93 272 04 47.

Espasa, en su deseo de mejorar sus publicaciones, agradecerá cualquier sugerencia que los lectores hagan al departamento editorial por correo electrónico: sugerencias@espasa.es.

www.espasa.com
www.planetadelibros.com

Impreso en España/*Printed in Spain*
Impresión: Huertas, S. A.

El papel utilizado para la impresión de este libro está calificado como **papel ecológico** y procede de bosques gestionados de manera **sostenible**.

A MANERA DE PRÓLOGO

La preparación de conservas en gran escala que realizan, hoy día, fábricas especializadas, al objeto provistas de perfecto y adecuado utillaje, la gran difusión de estas conservas que permite la adquisición de la conserva apetecida en cualquier paraje y momento, y, sobre todo, la ajetreada vida moderna, han traído como consecuencia que las amas de casa se interesen cada día menos por las consabidas conservas caseras. El exceso siempre trae su consabida reacción y hoy es el día en que muchas amas de casa se han percatado de que las conservas "hechas en casa" siempre resultan superiores a las de fábrica. Si no véase la diferencia de sabor y consistencia entre una mermelada casera y la misma fabricada, y lo mismo digo tocante a jamones, chorizos, etc., yo no los comparo.

También hay personas que, por ciertas circunstancias, poseen extensas huertas y feraces vergeles o se ven, en ciertas épocas, provistas con exceso de caza o pesca, cuya producción y suministro no pueden consumir. Estas personas conseguirán una gran economía, dentro de su presupuesto, poniendo en conserva estos géneros alimenticios que por el momento les sobran.

Y con miras a otra parte tenemos, además, unas admirables recetas de conservas caseras, más bien familiares, que trasmitidas de madres a hijas han llegado hasta nosotras, perfeccionándose en el transcurso de los años, y que sería un verdadero desastre para la gastronomía nacional el perderlas.

Así que pensando en éstas y en aquéllas me he decidido a publicar las recetas que me han parecido más perfectas, y es la recopilación de ellas las que expongo en este libro, después de añadirles un poco de ciencia y otro poco de la técnica moderna para hacerlas más asequibles a todos. He incluído, además, algunas recetas de conservas extranjeras muy difundidas ya en España.

Espero que en atención a mi buen deseo este nuevo libro mío obtendrá la buena acogida dispensada a los anteriores y si con él presto buenos servicios a las amas de casa me daré por satisfecha.

LA AUTORA

PRIMERA PARTE

GENERALIDADES

CAPITULO I

Conservación de los géneros alimenticios por el sistema de esterilización de Appert

El primitivo método de Appert consistía, simplemente, en someter a ebullición al baño de María, los géneros alimenticios que se quisiera conservar a fin de que esta ebullición destruyera los gérmenes de fermentación que siempre, al producirse, estropean el género. Este sistema se ha perfeccionado al industrializarse, pero como este tratado está planeado exclusivamente para conservas caseras, omitiré describir estos nuevos métodos que necesitan vapor y autoclaves, y me concretaré a explicar el método primitivo, que es asequible a todos. Sus resultados no yerran, si se sigue exactamente el procedimiento que expongo más adelante, y que yo utilizo siempre y conmigo los cocineros de los grandes hoteles, por lo que puedo asegurar que siempre he obtenido excelentes resultados, sin que tenga que apuntarme hasta la fecha el menor fracaso.

Reglas generales para la buena conservación de los alimentos

Para obtener buenas conservas hay un punto capital a tener en consideración: la buena calidad de los alimentos a conservar. Las hortalizas y las frutas habrán de ser recién recolectadas o, cuando menos, lo más frescas posible. Por su naturaleza u origen, todos los alimentos están expuestos más o menos rápidamente a la descomposición. Es esto debido a la influencia del oxígeno del aire y a las bacterias que se encuentran tanto en el mismo como en los alimentos. Entre estas bacterias, haciendo caso omiso de las otras, mencionaré tan sólo los microbios que producen la fermentación, los que, en muchos casos, sobre todo en las frutas, son muy perniciosos. Por tanto, éstas han de estar en sazón, pero sin haber pasado del grado de madurez que se exige para conservarlas crudas. Se escogerán perfectamente sanas, desechando las que hayan recibido golpes en el transporte o se hayan calentado o fermentado por haber estado días en las cestas y embalajes. Vuélvolo a decir: frutas y hortalizas han de estar perfectamente sanas, pues jamás se hizo buena conserva con géneros averiados, y lo mismo digo tocante a carnes, aves, caza, pescados; todo ha de ser perfectamente fresco y de primera calidad.

Envasado de las conservas

Se emplean para las conservas varias clases de envases: botes o latas con tapadera soldada y tarros y botellas de cristal. El envasado, sea en botes o frascos, siempre es el mismo en su ulterior esterilización y esto para cualquier género alimenticio, pero no así en cuanto se refiere al cierre o soldadura. Los modelos más modernos son los tarros de cristal de cierre hermético a presión y con arandelas de goma.

Estos tarros tienen toda nuestra preferencia, por reunir grandes ventajas, facilidad de limpieza y cierre, pero no queriendo o no pudiendo adquirirlos, se utilizarán frascos corrientes y botellas (a poder ser de champaña, por ofrecer más resistencia); éstos y éstas se cierran con tapones de corcho (luego explicaré cómo), igualmente se podrán emplear latas soldadas, aunque no todos los géneros alimenticios admiten ese envase.

Nota. — Cualquier envase, lata, frasco o tarro ha de estar previamente sometido a una esmerada limpieza, pues *hay que procurar eliminar cuanto pueda producir una ulterior alteración.*

Igualmente se escogerán los envases apropiados a cada conserva, es decir, altos y alargados para los espárragos (altos si se envasan en tarros y alargados siendo de lata) y bajos para las conservas de carne, caza, pescado, de embocadura ancha para frutas y hortalizas, a fin de que tanto al meterlas como al sacarlas no se desbaraten.

Tampoco conviene utilizar botes, frascos o latas demasiado grandes y esto por dos motivos: el primero, porque una vez abierta la conserva ésta desmerece si no se consume en el día y, la segunda, más importante aún, porque si el género conservado se hubiera alterado o fermentado siempre la pérdida sería menor si lo envasado fuese poco.

Los tarros y frascos, como he dicho antes, estarán esmeradamente limpios y no se llenarán demasiado a fin de evitar que al esterilizar se salga su contenido o, lo que es más peligroso aún, estallen. Tampoco se incurrirá en la imprevisión de llenar los tarros, frascos o botellas frías con substancias calientes, ni tarros, frascos o botellas calientes con substancias frías, pues corren peligro de romperse, y, por igual motivo, se evitará el poner tarros o frascos fríos en agua caliente o tarros calientes en agua fría, así como de colocarlos sobre piedra, mármol o metal y de exponerlos a la corriente de aire, no retirándose del aparato o caldera hasta que estén completamente fríos.

Observación sobre los tarros de cristal de cierre hermético a presión y con arandelas de goma

Adviértase que no deben emplearse nunca tarros, tapas ni arandelas deteriorados, así como tampoco resortes que hayan perdido su fuerza de resistencia, pues el cierre *no sería hermético y la substancia alimenticia no se conservaría.* No se emplearán tampoco arandelas de goma hinchadas, desgarradas o duras. Antes de utilizarlas se lavarán en una solución de sosa y agua tibia y se guardarán sobre una superficie lisa en lugar fresco, exento de corriente de aire y antes de su colocación se secará la tapa, el borde del tarro y la arandela de goma.

Observación sobre el encorchado de los tarros y botellas de cristal

Cuando se utilizan para la conservación de los géneros alimenticios tarros o botellas de cristal corriente, es decir, sin cierre propio, es preciso, para cerrarlas, emplear tapones de corcho del tamaño de la embocadura. Los corchos se elegirán de muy buena calidad, flexibles y sin defectos, y como he dicho antes, adaptables a la embocadura del tarro o botella. Estos corchos se pondrán a remojar en agua hirviendo, a fin de volverlos elásticos. Se escurrirán y se secarán perfectamente con un paño cuando se vaya a utilizarlos (cuando los frascos, tarros o botellas se hayan llenado del género que se quiera conservar).

Estos corchos no se meterán del todo, sino que han de sobresalir fuera (aproximadamente unos 15 milímetros del tope), a fin de que la cuerda que ha de sujetarlos luego tenga dónde incrustarse y no se corra.

Los tarros y botellas han de estar provistos de una ranura con dos salientes (como un anillo alrededor de la embocadura), para sujetar igualmente la cuerda. Si no se sujetara bien el corcho, éste saltaría durante el esterilizado por la presión del vapor.

Una vez llenos los tarros y botellas y bien secos los corchos, se procede a taparlos (los corchos han de ajustar bien, costando un poco introducirlos; facilitará el trabajo si se dispone de una máquina de encorchar).

Puestos los corchos, se procede a atarlos fuertemente; para esto se ata una cuerdecita bien resistente alrededor de la ranura del recipiente. Se aplica otro trozo de cuerda sobre el corcho y se pasan sus dos extremidades en sentido opuesto a la cuerda de la ranura, se cogen las extremidades de las dos cuerdas y se atan sobre el corcho, incrustándolas bien para que no puedan moverse. Con otro trozo de cuerda se vuelve a hacer lo mismo, atándola primero al tarro o botella y luego sobre el corcho. Las cuerdas han de formar una cruz encima del corcho. Esto que viéndolo es la cosa más fácil parece complicado al explicarlo. En resumen, utilizando varios trozos de una cuerdecita fina y resistente, sujétese *fuertemente* el corcho al tarro o botella. La cuerdecita ha de ser sólida para resistir la presión durante la esterilización.

Observación sobre el envasado en latas

Cuando se utilizan, como envase, latas, éstas después de llenas se procederá a soldar su respectiva cubierta o tapadera. Una vez soldadas, habrá que comprobar si la soldadura es hermética: para esto se procederá a hacer la siguiente prueba. Se sumergirá la lata soldada en agua hirviente —ha de quedar perfectamente cubierta de agua— y se observará durante *medio minuto,* cuidando de que la parte soldada quede arriba. Como digo antes, se observará atentamente y si salieran burbujas de la lata a la superficie, sería señal de que la soldadura era imperfecta, y habría que soldarla de nuevo en el defecto. Para saber el sitio exacto se sacará en el acto la lata del agua y se le hará una marca con la punta de un cuchillo.

Nota. — Habrá que fijarse bien si la burbuja proviene de la lata o si la produce el agua al servir. Hecha esta comprobación quedan dispuestas para la esterilización.

Advertencia importante. — No se llenarán demasiado los tarros, frascos, botellas o latas, a fin de evitar que al esterilizar se salga su contenido, o lo que es más peligroso, estallen. Es, pues, muy importante llenar los tarros, frascos o latas de manera que quede un espacio para la dilatación. Este espacio será tratándose de latas hasta medio centímetro del borde, los frascos o botellas provistos de tapones de corcho, hasta a dos centímetros del corcho y siendo tarros con cierre hermético a presión con arandela de goma, hasta dos dedos de la tapa.

Advertencia. — Los envases de cristal no sirven para las conservas de carne, pues la luz altera ésta.

Otra advertencia. — La persona encargada de soldar las latas lo hará con mucho cuidado para no introducir plomo en la conserva, pues es perjudicial para la salud y podría producir trastornos en quien lo injiriese.

Empleo del baño de María para conservas *(Método de Appert)*

Una vez tapadas, encorchadas o soldadas las conservas, hay que esterilizarlas por medio del baño de María. Para esto se preparará un caldero o marmita grande, que debe ser bastante profunda, ya que el envase o tarro tiene que quedar sumergido a tres cuartas partes de su altura (hasta unos tres o cuatro centímetros del tope). En el fondo del caldero o marmita se colocará previamente una capa de paja o virutas donde se colocarán los tarros o botellas y se rodearán asimismo con trapos o fundas de paja, al objeto de evitar su rotura si al hervir chocan unas con otras o se dan golpes en las paredes (las latas no corren ese peligro). Luego de colocadas las conservas se echa agua *fría* hasta la altura que hemos dicho antes (hasta unos tres centímetros del tope) y se cubre todo con un paño o harpillera para evitar que se hiera la persona que cuida de la cocción de la conserva caso que reventase un recipiente. Al principio el fuego será lento, luego se elevará poco a poco la temperatura del baño de María para que su calor penetre suavemente y de una manera uniforme en el interior de la conserva y esto hasta que el agua rompa el hervor. Esta ebullición habrá que sostenerla por más o menos espacio de tiempo, según lo requiera el género de la conserva.

Terminada la esterilización se retira el recipiente del fuego y *se deja enfriar la conserva dentro del mismo baño,* pues si se sacaran calientes, al tener contacto con el aire los tarros o botellas estallarían.

Nota. — Si corriera prisa el sacar las conservas del baño de María (por tener que utilizar de nuevo el caldero), se podrá acelerar el enfriamiento agregando poco a poco agua fría en el baño hasta enfriarla completamente.

Nota. — Dos o tres días después del esterilizado se examinarán los tarros, frascos, botellas y latas, para asegurarse de que el contenido está bien y sobre todo si han quedado herméticamente tapados. Si el cierre es de corcho, se podrán lacrar los tapones para mayor seguridad, colocando los frascos y botellas en forma inclinada a fin de que el corcho se impregne bien y no encoja, pues encogiéndose favorecería la entrada del aire, lo que estropearía la conserva.

Advertencia importante. — Todas las conservas se han de guardar en sitio aireado, fresco, seco y obscuro, y muchas de las conservas (carne, foie gras, etc.) conviene que se metan en la nevera unas dos horas antes de que se hayan de utilizar (a falta de nevera ténganse sumergidas en agua *muy fría)*.

Nueva advertencia. — Como se ha dicho antes, el tiempo de ebullición varía según el género de conserva; obsérvense, por tanto, estrictamente, las prescripciones que se dan en la receta, sobre todo en lo relativo a los grados de calor y tiempo de ebullición. Las marmitas construídas al efecto tienen un termómetro propio que permite comprobar cómodamente la graduación del baño de María. Utilizando calderos o marmitas corrientes, habrá que proveerse de un termómetro para poder comprobar con certeza la graduación. *El tiempo exacto de cocción* empieza solamente cuando el número de grados determinado es obtenido. *Téngase esto siempre presente.*

El pesasales

Como su nombre indica, este instrumento se emplea para comprobar la graduación de un líquido salado, lo que es muy útil para los preparados a base de salmuera.

Nota. — Generalmente, para que la salmuera se pueda utilizar, ha de tener 22 grados. No disponiendo del pesajarabes se comprobará como sigue: bien derretida la sal *gorda* en agua fría y hervida y enfriada ésta, se sumerge un huevo pequeño en este líquido; si está saturado de sal hasta 22 grados, el huevo flotará en la superficie, si no habrá que ponerle más sal.

SEGUNDA PARTE

LA TÉCNICA
LEGUMBRES Y HORTALIZAS

CAPITULO II

Conservación de toda clase de legumbres

Nota aclaratoria — Quiero advertir, y esto para *todas* las conservas, que las "cantidades" expuestas en cada receta son para que sirvan de norma o base, pero *nunca* como cantidades topes. Así que dichas cantidades habrán de ser aumentadas o disminuídas proporcionalmente a la cantidad de legumbres que se quiera conservar. Por ejemplo, si para el escaldado de 2 kilogramos de judías verdes marco 8 litros de agua y 8 ó 10 gramos de sal *(para cada litro de agua)*, cae por su peso que siendo tres los kilogramos de judías a conservar habría que aumentar en proporción el agua y la sal, o sea 12 litros de agua en vez de 8 y los gramos de sal correspondientes a los litros aumentados, y si en vez de 2 kilogramos de judías sólo se tratara de conservar 1 kilogramo, habría que disminuir en la mitad el número de litros indicados en la receta, poniendo solamente la cantidad de sal correspondiente, y otro tanto digo tocante a los demás ingredientes tal como salmuera, vinagre, mantequilla, especias, etc.

Es decir que *siempre* que la cantidad de género alimenticio que se quiera conservar exceda o baje de las cantidades "tipo" expuestas en la receta, habrá que hacer un pequeño cálculo para que los ingredientes guarden siempre entre sí las mismas proporciones expuestas en la receta.

JUDÍAS VERDES

Conservadas con salmuera o esterilizadas al baño de María

Las judías verdes se han de elegir recién recolectadas o, cuando menos, muy frescas, muy tiernas, maduras, pero sin grano ni hebras.

Judías verdes en salmuera, cocidas

Cantidades para 2 kilogramos de judías verdes (peso neto).

Para escaldarlas: 8 litros de agua, 8 ó 10 gramos de sal *(por cada litro de agua)*.

Para la salmuera: 5 litros de agua, 700 gramos de sal.

Procedimiento. — Las judías verdes se escogen tiernas y se les quitan las dos puntas y las hebras de ambos lados (si las tuvieran); después se lavan y se escaldan. Para esto se pone sobre el fuego un caldero o una marmita grande, se echan 8 litros de agua y 8 ó 10 gramos de sal por cada litro, y cuando el agua esté en plena ebullición se echan las judías verdes y se aviva mucho el fuego para que no pare el hervor y se tiene así en ebullición por espacio de *tres minutos,* echando un poco de bicarbonato al agua para que se conserven bien verdes. Terminados los tres minutos se echan encima de una gran escurridera y una vez escurridas, se pasan por agua fría. Una vez bien enfriadas se vuelven a echar en la escurridera y se dejan que apuren.

La salmuera. — Se ponen a derretir 700 gramos de sal en 5 litros de agua fría. Luego se pone al fuego vivo, y cuando rompe el hervor se espuma y seguidamente se retira del fuego y se deja enfriar. El fuego ha de ser muy vivo para que la salmuera rompa a hervir de repente y retirarla y enfriarla rápidamente para *que no se resale.*

Envasado de las judías verdes cocidas en salmuera: Según la cantidad de judías verdes se colocarán en frascos grandes de cristal, en cubetas, en tarros o en un tonel (cualquier recipiente será bueno con tal que no sea de metal). Las judías perfectamente escurridas se colocarán en los envases. Sobre ellas se pondrá una tabla de embocadura más pequeña y se echará entonces la salmuera perfectamente enfriada y filtrada; pasados dos días, se vuelve a cocer este líquido. Se escurren bien las judías verdes sobre un tamiz. Se somete la salmuera al fuego vivo y en cuanto rompe fuerte el hervor se espuma y *al momento* se retira del fuego y se pone a enfriar. Una vez *perfectamente fría*, se vuelve a echar por encima de las judías verdes que se tendrán ya colocadas en los recipientes. Se colocan las tablas o platos y se conservarán en un sitio fresco.

Para utilizarlas se pondrán a remojar en agua *tibia*, por espacio de una hora, luego se terminarán de cocer en abundante agua ligeramente salada, como se acostumbra hacer con las judías frescas.

Judías verdes conservadas al baño de María

Escójanse judías verdes muy finas, prepárense y lávense como las anteriores, escáldense igualmente, pero prolongando tres o cuatro minutos más la ebullición. Luego se escurren y se refrescan como he explicado y una vez frías se colocan en latas o en frascos, oprimiéndolas bien a fin de que no queden huecos; échese un poco de su líquido de cocimiento; si se utilizan latas hasta medio centímetro del borde, y siendo frascos o tarros, hasta dos centímetros por bajo de la tapa o corcho. Ciérrense herméticamente, colóquense en el caldero o marmita debidamente entachonados con paja o virutas (éstas huelgan si los envases son de lata) y viértase agua fría hasta el límite del contenido (si el envase es de cristal) y caliéntese lentamente el baño y cuando rompe el hervor mírese el reloj y ténganse en ebullición:

Las latas de un litro de cabida: cuarenta o cuarenta y cinco minutos.

Las latas de medio litro: veinte o veinticinco minutos.

Los frascos o tarros de litro: treinta y cinco o cuarenta minutos.

Los frascos y tarros de tres cuartos de litro: quince o veinte minutos.

Luego se dejan enfriar en el baño y una vez fríos se secan y se guardan en un sitio fresco y seco.

ESPÁRRAGOS

Los espárragos para conserva han de ser blancos, nunca verdes, pues éstos no soportan una cocción prolongada. Como todas las hortalizas que se quieran conservar, han de ser fresquísimos, a poder ser recién recolectados. Igualmente se procurará que tengan la misma longitud y el mismo grueso. Si hay desigualdad entre ellos se clasificarán por tamaños, dejando los inferiores para envasarlos en latas y los muy hermosos en frascos altos de cristal (no disponiendo de éstos se envasan todos en latas a propósito: cuadrilongas para los espárragos hermosos, y ovaladas para el resto, denominado generalmente puntas de espárrago).

Conserva de espárragos. — Se empieza por separar los espárragos en gruesos y delgados, rechazando los torcidos, pues éstos no se colocan bien luego en los envases. Hecho esto se raspan ligeramente, quitándoles las hojitas que tienen adheridas y se pasan rápidamente por agua, pues no han de remojar, ya que se estropean si permanecen en agua. A continuación se hacen unos manojos, colocándolos todos en un sentido y cortando lo sobrante; cada manojo integrará unos 10 ó 12 espárragos y se sujetarán con unas vueltas de hilobala.

Dispuestos los manojos, se colocarán *derechos* en una cazuela, de manera que las puntas queden hacia arriba y lo suficiente prietos para que no puedan caerse. A continuación se echará agua hirviendo en la cazuela hasta media altura de los espárragos, a fin de cocer primero la parte más dura del espárrago. Se pone esta cacerola al fuego vivo para que la ebullición arranque en seguida y ténganse hirviendo por espacio de 5 minutos (desde que arranca el hervor).

Transcurridos los cinco minutos, se echa más agua *hirviendo* hasta dejar bien cubiertos los espárragos. Cuando arranca de nuevo el hervor se dejan que hiervan por espacio de *tres minutos* y, acto seguido, se sacan de la cacerola, se refrescan *rápidamente* con agua corriente y se escurren. Quedando en condiciones para envasarlos.

Nota. — Quiero antes llamar la atención sobre la superioridad de esta cocción, ya que con este procedimiento los espárragos se cuecen por igual, pero esto requiere una cazuela estrecha y honda, y mejor aún, un caldero muy hondo. No disponiendo de ella habrá que cocer los manojos de espárragos extendidos por espacio de siete u ocho minutos.

Envasado de los espárragos en frascos de cristal: Escojan unos frascos de unos 2 litros de cabida (han de tener aproximadamente unos 11 ó 12 centímetros de diámetro y de 22 a 24 centímetros de altura).

En estos frascos colóquense los espárragos más

hermosos con *las puntas hacia abajo* (así no hay peligro de romperlas al introducir ni al sacar los espárragos). Bien colocados viértase en cada frasco el líquido siguiente, dejando unos 2 ó 3 centímetros vacíos entre el líquido y la tapa: hágase hervir agua, sal y azúcar a razón de 50 gramos de sal gorda y 20 gramos de azúcar por litro de agua; ha de estar *perfectamente frío* cuando se vaya a emplear.

Nota. — La adición del azúcar es para corregir el amargor que frecuentemente tienen los espárragos.

Hecho esto se tapan los frascos y se hierven al baño de María por espacio de una hora. Se dejan enfriar en el baño.

Envasado de los espárragos en latas: Luego de bien escurridos se colocan en las latas, se cubren con el líquido que he explicado antes. Se sueldan las latas y se ponen a cocer en el agua ya hirviendo durante veinte minutos las latas de 1 kilogramo y medio a dos, y las de 1 kilogramo o menos por espacio de quince minutos. Se enfrían rápidamente con agua corriente.

GUISANTES

Los guisantes para conserva deben ser absolutamente frescos, a poder ser recién recolectados, los granos se lavan y se desechan los que sobrenaden en el agua. Generalmente se separan los más granados de los más finos y se envasan por separado.

Guisantes conservados al natural

Se pone al fuego vivo un gran caldero lleno de agua. Cuando ésta hierve a borbotones se echan los guisantes, se cuecen durante tres o cinco minutos (según sean de gruesos) y se enfrían en abundante agua fría. Cuando están completamente fríos, se meten en los frascos o latas, se tapan o se sueldan y se hierven al baño de María; por espacio de una hora, siendo frascos de cristal se dejan enfriar en el baño y siendo latas se enfrían rápidamente en agua corriente.

ALCACHOFAS

Escójanse muy frescas, a poder ser recién recolectadas, que sean siempre de tamaño regular, inclinándose siempre a las más pequeñas, pero no *muy* pequeñas, y teniendo buen cuidado de juntar en las latas o frascos las más parecidas en tamaño.

Fondos de alcachofas

Bien torneados los fondos, cortadas las puntas y vaciados de la pelusa que tienen en el corazón, se frotan con limón para que no obscurezcan y se van echando en un barreño con agua fría donde se habrá exprimido uno o varios limones, según el número de alcachofas. Preparados los fondos se cuecen en un líquido llamado "blanco" en el vocabulario gastronómico: "Blanco" (proporciones para doce fondos): 25 gramos de harina, un cuarto de litro de agua fría, tres cuartos de litro de agua caliente, 10 gramos de sal, y medio limón.

Se pone la harina en una cacerola, se deslíe primero con un cuarto de litro de agua fría, luego con el agua caliente, se echa la sal y se exprime el limón. Se pone al fuego removiéndolo con una cuchara para que no se agarre y cuando arranca el hervor se añaden los fondos de alcachofas, se dejan cocer más lentamente tapando a medias la cacerola; hirviendo fuerte el líquido sube derramándose fuera. Se cuecen a medias, por espacio de unos veinte o veinticinco minutos, pues han de quedar firmes. Se escurren entonces y se enfrían rápidamente en agua corriente y se escurren. Luego se colocan los fondos de alcachofas en frascos —mejor aún en latas— y se cubren con una salmuera preparada como sigue:

Se pone en una cacerola agua, sal y jugo de limón a razón de 50 gramos de sal y un limón por cada litro de agua, se hace hervir y luego se deja perfectamente enfriar.

Se tapan los frascos o se sueldan las latas y se hierven al baño de María por espacio de cuarenta y cinco minutos, siendo los frascos o latas de medio litro y por espacio de una hora si son de litro. Siendo en frascos se dejan enfriar en el baño y cuando los envases son latas se enfrían rápidamente en agua corriente.

COLIFLORES ENTERAS

Se separan primeramente las partes verdes. Los troncos, si son muy largos, se cortan y luego se les hace un corte en forma de cruz para que se cuezan más fácilmente. Preparadas así las coliflores, se dejan en agua fría durante cinco o seis horas; cuidando de renovar el agua cada hora. Luego se coloca en el fuego un caldero con agua ligeramente salada; cuando quema la mano, pero antes de que arranque el hervor, se ponen las coliflores previamente escurridas y con el caldero tapado se deja cocer lentamente.

Cuando el agua esté en ebullición se retira el caldero del fuego y se deja tapado durante cinco minutos. Pasado este tiempo se sacan las coliflores con la espumadera, se rocían con agua fría y se meten en los tarros o en latas altas y de forma redonda y de boca ancha. Finalmente se vierte la disolución de sal o salmuera cocida y se esteriliza al baño de María, hirviéndolo durante una hora. Al cabo de dos o tres días se vuelve a hervir durante veinte minutos.

Véase "La salmuera" en la receta de las "Judías verdes", página 19.

TOMATES

Nota explicativa. — Siendo el tomate el complemento indispensable de tantas salsas y condumio, conviene conservarlo en grandes cantidades, aprovechando la época de su apogeo, que es cuando está barato. Se han de escoger muy maduros —fíjese, que decimos maduros y no blandos y pasados—, de buena calidad, es decir que han de tener la piel lisa, el color de un encarnado vivo y de sabor dulce.

Se emplean varios métodos para conservarlos, aunque el más seguro es la esterilización, pero también hay otros más rápidos que dan buen resultado si se procede con los debidos cuidados. A continuación expondremos unos y otros.

Tomates enteros conservados al natural

Se escogerán unos tomates redondos, de piel lisa y aunque maduros, resistentes al tacto. Se pondrán en un caldero cuyo esmalte esté entero (o en una cacerola ídem) y se llenará éste de agua fría. Se pondrá sobre el fuego y cuando el agua se haya templado —ha de calentar apenas el dedo— retírense los tomates, uno por uno y con cuidado para no desbaratarlos, colóquense encima de un lienzo, pélense con cuidado y váyanse colocando en frascos un poco prietos.

Con tiempo para que esté listo cuando se hayan mondado los tomates, se pone a derritir sal gorda a razón de 30 gramos de sal por cada litro de agua, luego se hierve durante unos minutos y se deja enfriar tapado para que no le entre polvo y sin moverlo para que queden en el fondo las impurezas que haya tenido la sal.

Se echa de este líquido en los frascos de los tomates, cogiendo solamente la parte limpia. Bien cubiertos de este líquido los tomates, se echa aceite, como un dedo de alto, a fin de que esta capa de aceite, aislando la conserva del contacto del aire, le impida que se enmohezca. Se encorcha y se pone por encima un papel pergamino mojado que se sujeta al frasco con un bramante. Consérvense en un local seco y fresco.

Nota. — Cuando se quieran utilizar los tomates se tira el aceite que los cubre y se guisan como si fueran frescos.

Tomates al natural picados

Se escogen tomates maduros, se escaldan con agua y se mondan. Una vez mondados se exprimen para que suelten el jugo y la carne se pasa por la máquina de trinchar carne, o si es pequeña cantidad se pican con un cuchillo. Una vez preparados se llenan los frascos o se ponen en latas, se cierran herméticamente y se hierven en el baño de María por espacio de treinta minutos.

Siendo frascos se dejan enfriar en el baño y si son latas se enfrían rápidamente con agua corriente.

Otra manera de conservar los tomates

Proporciones. — Por cada litro de pasta de tomate, un gramo de ácido salicílico (completamente inofensivo; adquiérese en las droguerías).

Procedimiento. — Escójanse unos hermosos tomates, sanos, maduros y de un color rojo vivo. Lávense y quíteseles cuanto tengan de verde y de demasiado maduro. Se tritura con el triturador de carne o se pican a cuchillo y lo triturado o picado se va colocando sobre un gran tamiz *forrado con un lienzo* con el fin de que escurran bien.

La pulpa obtenida, es decir lo que ha quedado en el lienzo se mide y se añade, por cada litro de pulpa, un gramo de ácido salicílico y un poco de sal. Se mezcla bien y se pone en tarros, frascos o botellas. Cubriendo la boca de los envases con dos centímetros de aceite, y se conserva perfectamente durante mucho tiempo.

Cuando se quiera utilizar esta conserva bastará con pasar el tomate por un tamiz o un colador, guisándolo luego como si fuera tomate fresco.

Tomates en puré (pasta fina de tomate)

Procedimiento. — Escójanse unos buenos tomates sanos, maduros y bien rojos. Después de quitar a los tomates el cabillo y cuanto tengan de verde y de demasiado maduro se lavan, se parten a trozos *con los dedos* y se echan a un caldero cuyo esmalte esté bien entero (o en una gran cacerola ídem). En el fondo de ésta se habrá puesto como un dedo de agua hirviendo. Se pone el caldero al fuego y se deja cocer *muy lentamente* hasta que se puedan aplastar fácilmente los tomates (aproximadamente al cabo de media hora). No es conveniente hacerlos hervir largo tiempo antes de conservarlos, porque pierden el sabor. Cuando ya estén bien aplastados se echa todo en un gran tamiz forrado con un lienzo para que escurran el agua. Luego el puré obtenido en el lienzo se pasa por un tamiz de cerda y se pone en los frascos o en las latas, se tapan o se sueldan y se esterilizan al baño de María. Siendo medio litro, por espacio de quince minutos, y treinta minutos por envase de 1 litro (desde que rompe el hervor).

Tomates enteros *(Método rápido)*

Los tomates se han de escoger perfectamente sanos, en el grado exacto de madurez y de un color rojo vivo. Se lavan y se secan y se agujerean por diferentes partes con un palillo de madera afilado y se colocan en los tarros. Se tendrá preparada una disolución de sal; para esto se derrite en agua fría sal gorda, a razón de 30 gramos de sal por cada litro de agua, una vez derretida se hierve y se deja enfriar tapada para que no se empolve.

Puestos los tomates en los tarros, se les añade la disolución de sal, cuidando de no verter el fondo. Luego se tapan y se esterilizan como los anteriores.

LOS PIMIENTOS

Pimientos al natural

Se escogen unos hermosos pimientos bien sanos y de color vivo, se asan sin quemarlos sobre una parrilla en la brasa viva o bien en el horno, se dejan después en un plato cubiertos con una servilleta para que se ablanden. Luego se pelan, se les quitan las semillas, se enjugan con mucho cuidado con un paño de cocina.

Se colocan en latas formando capas, se les añade el agua que hayan desprendido (previamente colada), se sueldan las latas y se cuecen al baño de María. Las latas menores de medio kilo se hierven durante treinta y cinco minutos y las de un kilo durante cuarenta y cinco minutos; terminada la cocción se enfrían rápidamente en agua corriente.

Si se conservan en frascos de cristal se dejan enfriar en el baño.

Fritada de pimientos

Una vez asados, desprovistos de piel y semillas y bien enjugados con un trapo, se despedazan con los dedos a tiras alargadas y se ponen a cocer en una cazuela con bastante aceite y ajos fritos; si hay temor de que se tuesten se les añaden unas gotas de agua; necesitan su tiempo para ponerse blandos; un poco antes de terminar la cocción se les añade un poco de pan rallado y se revuelven.

Se llenan las latas, se sueldan, se hierven al baño de María durante treinta y cinco minutos siendo de medio kilo y menores, y cuarenta y cinco minutos si son de un kilo.

Después de la cocción se enfrían rápidamente en agua corriente.

Fritada de pimientos y tomates

Una vez asados, desprovistos de piel y semillas y bien enjugados con un trapo limpio, se hacen tiras con los dedos. Se fríen con aceite y ajos, y cuando están casi cocidos se les añaden tomates pelados desprovistos de semillas y cortados en pedazos, se sazonan con sal y un poco de azúcar y se deja cocer el conjunto. Los tomates y pimientos han de quedar enteros, es decir que no han de reducirse a puré.

Se llenan las latas, se sueldan y se hierven en el baño de María como los anteriores.

Se podrá igualmente conservarlos en tarros o frascos de cristal hirviéndolos lo mismo pero dejándolos enfriar en el baño antes de sacarlos.

Las latas se enfrían rápidamente en agua corriente.

LAS ACEITUNAS

Modo de preparar las aceitunas

Las aceitunas se separan en gordales y manzanilla, según su tamaño. Las más apreciadas son las primeras. Las que hayan de adobarse se cosechan verdes, las que hayan de utilizarse secas, se cogen cuando ya presentan color negro bien marcado.

Para adobarlas se echan en agua clara y se tienen así remojando por espacio de cinco o seis días, cambiándoles el agua cinco o seis veces diariamente. Cuando hayan perdido el amargor se echan en una tinaja o en tarros de cristal y se llena con una salmuera preparada con agua y sal en la proporción de 100 gramos de sal por cada litro de agua, se le agregan unas hojas de laurel, una ramita de hinojo, un poco de tomillo y romero y se dejan en maceración durante dos meses (no gustando, puede suprimirse una o más hierbas). Transcurridos los dos meses pueden servirse a la mesa pudiéndolas guardar durante un año, siempre guardando el recipiente tapado con un paño.

Otra fórmula para curar aceitunas

Se escogen verdes y carnosas, se ponen durante veinticuatro horas en un líquido compuesto de 20 litros de agua, 1 kilo de sal y 1 kilo de bicarbonato de sosa. Transcurrido este tiempo se ponen en agua clara por espacio de diez días, cambiándola dos o tres veces diariamente. Después de este lavado, se ponen en una tinaja y se les adiciona una salmuera preparada tal como indica la receta anterior. Al cabo de un mes las aceitunas pueden consumirse. Si se quiere se podrá guardarlas en frascos de cristal o en unos barriles pequeños.

Aceitunas negras en aceite

Se espera para esta conserva a que las aceitunas estén bien maduras, se escogen las más gordas y carnosas y se pinchan, una por una, repetidas veces con un alfiler. Para abreviar, se cortará un corcho por la mitad, se introducirá en él varios alfileres, de esta manera se darán varios pinchazos de una vez.

Se pondrán las aceitunas en una tinaja bien cubiertas de sal gorda que se habrá machacado un poco, todos los días se removerán haciendo escurrir el agua de vegetación que vayan soltando.

Cuando las aceitunas no suelten ya agua, se retiran y bien escurridas se ponen en grandes tarros cubriéndolas de aceite fino y agregándoles pimienta en grano y algún clavillo de especias. Cada vez que se saque una porción para el consumo habrá que remover el resto con una cuchara de madera.

Aceitunas aliñadas a la andaluza

En Andalucía se parten las aceitunas entre dos piedras, después se curan como hemos explicado, mudándoles varias veces la salmuera.

Entonces, dejándoles una parte de salmuera, se aliña ésta con vinagre, pimentón dulce, laurel y ajedreo.

Choucroute

Se usa para esta preparación la col de Alsacia o Valencia. Se corta la col a rebanadas y se pone en un barril alternándola con capas de sal. Hay quien le pone pimienta y enebro. A la parte superior del conjunto se pone una tapa de madera y encima peso para que la col reciba una presión constante. Tiene que fermentarse. Después de unas tres semanas de permanecer el producto en la forma indicada, está en condiciones de ser consumido.

LAS SETAS

Hay una gran variedad de setas comestibles, pero la más empleada en cocina es el "agamis" cultivado, denominado "champignon" (vocablo francés que por el uso se ha adaptado al español); a esta seta cultivada la denominan los autores culinarios "champignons de París" y, como he dicho antes, es imprescindible tanto fresco como de lata.

Setas silvestres hay muchas; pero conviene desconfiar de ellas; pues algunas especies son muy venenosas.

Los franceses, además del champignon cultivado, tienen en gran aprecio a las "cepes" (hongos); los italianos a las setas secas ("funghi" o "moxornons"); los rusos a las setas en adobo "agocusis", etc.

Setas desecadas

Si las setas son pequeñas se enhebran con una aguja provista con hilo de bramante y si son grandes se cortan a pedazos y éstos se ensartan lo mismo, luego formando unas aristas grandes se atan las dos extremidades y se cuelgan al sol hasta observar que estén bien secas.

Setas conservadas en sal

Después de lavadas y cepilladas las setas son puestas en capas alternas con sal, siendo la primera y la última de sal. La sal queda humedecida; entonces se quita ésta y se cambia por otra seca, poniéndola igualmente por capas alternas. En esta forma se conservan hasta el momento de usarlas. Antes de guisarlas es necesario hacerlas hervir con agua natural para quitarles el exceso de sal.

Cepes (hongos)

Se escogen cepes que sean de tamaño regular. Se limpian bien, se recortan los pedúnculos, y se lavan, luego se enjugan con un paño fino y se espolvorean con sal. Sin más requisitos se ponen en las latas y bien soldadas éstas se hierven al baño de María durante *dos horas*. Terminada la cocción se enfrían rápidamente en agua fría.

Otra manera de cepes

Exactamente como la anterior, echando en cada lata medio vaso de aceite y un diente de ajo.

Cepes de aceite

Se pelan y se cortan los pedúnculos dejándolos de buena forma, para esto escójanse unas bonitas cepes bien regulares. Luego se fríen con aceite. La cocción no ha de ser muy viva a fin de que no se arruguen las cepes ni demasiado lenta para que no se hagan agua.

Se escurren bien y se colocan en las latas añadiendo en cada una un poco de aceite fino crudo, unos granos de pimienta, un diente de ajo y, si gusta, un clavillo de especias. Se suelda y se hierven al baño de María durante cuarenta y cinco minutos. Luego se enfrían rápidamente en agua corriente.

SOPA DE HIERBAS (JULIANA) SECA

Conjunto de hortalizas cortadas en tiritas y secado

Proporciones. — Zanahorias, 10 kilos; nabos, 8 kilos; coles verdes, 6 kilos; puerros, 3 kilos; acederas, 1 kilo; apio, 1 kilo; patatas, 2 kilos.

Procedimiento. — Se corta todo a tiritas y las coles se pican así como las acederas, se lava con agua corriente y a continuación se escalda en agua hirviendo; se escurre perfectamente y luego se extiende todo en placas y se pone a secar en la estufa de la cocina.

Cuando se haya secado en la estufa se exponen estas legumbres al sol hasta que queden completamente secas.

Ya secas se conservan dentro de sacos.

CAPITULO III

CONSERVAS EN VINAGRE

Cebollitas en vinagre

Estas cebollitas enanas, pues no han de ser mayores que avellanas, a lo sumo, del tamaño de una nuez pequeña se preparan como sigue:
Se mondan las cebollitas, cuidando de dejarlas bien enteras, luego se hierven por espacio de unos minutos —de cinco a diez minutos, según el tamaño de las cebollitas— con agua, sal y el zumo de un limón, luego se escurren. A continuación se ponen en frascos de cristal y se termina de llenar el frasco con un buen vinagre blanco y se deja en maceración durante veinticuatro horas.
Transcurrido este tiempo, se escurre el vinagre, se pone éste al fuego y cuando arranca el hervor se vuelve a echar en los frascos. Las cebollitas han de bañarse bien en el vinagre. Añádase en cada frasco un ramito de estragón (puede suprimirse) y tápese. Antes de consumirlos se dejarán macerar durante ocho días.

Alcaparras en vinagre

Se cogen los capulliitos de la flor de la alcaparra (también se emplean las semillas o alcaparrones), se lavan y se dejan secar un poco bien extendidas en bandeja de mimbre en un sitio sombreado. A continuación se ponen bien apretaditas en frascos de cristal (o en tarros de loza), se cubren con vinagre superior, se añade un poco de sal y un ramito de estragón, fresco o seco, se tapa herméticamente y se guardan en sitio fresco.

Pepinillos en vinagre

Nota explicativa. — Para la conservación de los pepinillos se emplean dos sistemas: el confitado en crudo y el cocido. Confitados en crudo, conservan más sabor, pero tienen peor presentación, pues se ponen pardos. En cambio, si se cuecen, pierden sabor, pero adquieren un hermoso color verde.

Damos los dos sistemas para que cada cual elija el que más prefiera.

Conservación en crudo. — Se escogerán los pepinillos bien sanos y pequeñitos, a poder ser recién recolectados. Se extiende un lienzo sobre la mesa, se ponen en él los pepinillos, se les echa un puñado de sal gruesa. Se cogen las puntas del lienzo y se sacude y se mueve éste en todos sentidos para que los pepinillos se froten bien con la sal y ésta quede bien distribuída. Para obtener un buen resultado es necesario que a continuación se froten los pepinillos uno por uno con un cepillito blando. Después se colocarán en un barreño añadiéndoles 500 gramos de sal por kilogramo de pepinillos, se remueven bien y se dejan veinticuatro horas en maceración con la sal, a fin de que suelten los pepinillos su líquido de vegetación.

Transcurrido este tiempo se escurren, se lavan con agua acidulada con vinagre y se van colocando en los frascos por capas apretadas. Se cubren con buen vinagre y se completa el codimento poniendo en cada frasco un ramito de estragón, unos granos de pimienta y un clavillo de especias. Se tapan herméticamente y se guardan en un sitio fresco. Hasta dentro de cinco o seis semanas no estarán en condiciones para poder consumirlos.

Otra manera de pepinillos en vinagre

Se procede en todo como en la primera receta tocante a la salmuera. Transcurridas las veinticuatro horas de maceración se escurren. Primeramente se colocan sobre un tamiz y para que suelten bien toda su agua se envolverán en una servilleta y se colgará ésta, o mejor aún, se meterán en un saco que se colgará. Bien escurridos se colocan en un gran barreño bien amplio y se cubren con vinagre hirviendo. El vinagre ha de ser muy bueno.

Al cabo de diez horas, vuélvase a hervir el vinagre, al que se habrá añadido vinagre crudo — medio litro de vinagre fresco por cada 3 litros de vinagre cocido— y vuélvase a verterlo sobre los pepinillos cuando hierva a borbotones y déjese descansar veinticuatro horas. Vuélvase a hacer la misma operación al día siguiente.

agregándole igual cantidad de vinagre crudo que el día anterior.

Pónganse en los frascos con los condimentos indicados en la receta anterior y tápense y guárdense lo mismo.

Melones en vinagre

Para conservarlos en vinagre no han de ser mayores que un albaricoque. Se preparan exactamente que los "Pepinillos en vinagre", acortando en la mitad el tiempo de maceración con sal.

VINAGRE DE VINO

Método para hacer vinagre

Con este método se podrá obtener vinagre por tiempo indefinido.

Procedimiento. — Téngase un bonito barril cuya madera esté bien sana y sin el menor vestigio de olor. Adáptese a este barril una espita nueva que se habrá hervido antes con agua para esterilizarla.

Háganse hervir 2 litros de buen **vinagre de vino** adicionados de 125 gramos de crémor tártaro (se adquiere en las droguerías). Bien hirviente échese en el barril, tápese éste y hágase rodar para que quede bien impregnado por dentro. A continuación colóquese este barril sobre una tarima que no esté muy alta para que se pueda llenar con facilidad y calentarlo bien. Ha de estar, además, bien preservado de choques y sacudidas.

Colocado el barril, destápese y échense en él 2 litros de vino tinto o blanco, claro y bueno (pues jamás se hizo buen vinagre con mal vino). Tápese la abertura del barril con un atado de paja para que no caiga polvo en el vinagre y déjese reposar por espacio de treinta días.

Transcurrido este tiempo, cátese el vinagre y si resulta flojo déjesele reposar otros ocho días más.

Añádanse entonces al contenido del barril 4 litros de vino (blanco o tinto, pero siempre igual al primitivo); para verterlo se utilizará un embudo muy largo y se verterá despacio, pues echándole de repente se corre el riesgo de destruir los principios fermentables contenidos en el barril.

Déjese reposar durante ocho días, pudiendo, al término de ellos, utilizar el vinagre. Se sacará tan sólo 1 litro de éste, añadiendo acto seguido 3 ó 4 litros de vino y, de aquí en adelante, se podrá obtener cada ocho días 1 ó 2 litros de excelente vinagre, y si se repone, cada vez, igual cantidad de vino, se tendrá vinagre de repuesto indefinidamente.

Vinagre de estragón

Manera de prepararlo para el consumo diario:

Procedimiento. — Para obtener un litro de vinagre de estragón, se echan 50 gramos de estragón fresco en una botella con 1 litro de vinagre del mejor y se deja en maceración bien tapado durante ocho días.

Sirve para el consumo diario y cuando se vaya a utilizar se pasa lo necesario por un colador.

PICKLES

Esta conserva procedente de la cocina inglesa es sencillamente un conjunto de hortalizas condimentadas con vinagre y mostaza inglesa. A continuación exponemos una receta muy completa, quedando cada cual facultado para suprimir la o las legumbres que no conviniera, aumentando proporcionalmente la cantidad de las restantes.

Además de las incluídas en la receta se podrán añadir judías verdes, alcachofas, pequeñas mazorcas de maíz, etc., etc.

Nota. — Si las cantidades de la receta parecen excesivas cabe disminuirlas en la mitad, tercio o cuarto; asimismo se podrán doblar, triplicar, etc., guardando siempre la misma proporción de legumbres y condumio.

Proporciones. — 2 docenas de pepinillos; 3 docenas de cebollitas enanas, una hermosa coliflor, 18 pimientos (verdes o rojos pequeñitos; 2 apios; 18 setas frescas; 18 zanahorias diminutas; 5 litros y ½ de buen vinagre blanco de vino; 3 litros de vinagre blanco al estragón; ½ kilogramo de mostaza inglesa en polvo; una guindilla o un buen pellizco de pimienta de Cayena.

Procedimiento. — **Los pepinillos**: Se escogen unos pepinillos bien sanos y pequeñitos, todos de un tamaño y, a poder ser, recién recolectados. Se frotan, uno por uno, con un lienzo suave, se ponen en un barreño, se espolvorean con abundante sal fina, se sacuden para que se impregnen bien todos de sal y se dejan en reposo durante veinticuatro horas.

Transcurridas éstas, se escurren los pepinillos, se vuelven a poner en un barreño limpio con unas ramas de estragón y se vierte por encima de ellos un litro de vinagre *hirviendo;* se dejan así hasta el día siguiente. Entonces se escurre este vinagre, se pone en una cacerola al fuego y se vuelve a verterlo hirviendo por encima de los pepinillos. Se dejan reposar por espacio de veinticuatro horas, volviendo a hervir el vinagre y virtiéndolo a los pepinillos. Terminada esta operación quedan preparados.

Las cebollitas y los pimientos. — Las cebollitas serán todas de un tamaño, aproximadamente, como una avellana, móndense, téngase sobre el fuego una cacerola con agua hirviendo adicionada de sal, échense en ella las cebollitas, hiérvanse durante cinco minutos, refrésquense con agua corriente. Cuando hayan escurrido, pónganse en un recipiente con los pimientos rojos y la guindilla (si es que se le pone), y viertan por encima un litro de vinagre *hirviendo,* déjese en reposo hasta el siguiente día. Transcurrido este tiempo hágase escurrir el vinagre, hágasele hervir agregando 30 gramos de sal y viértase hirviente por encima de las cebollitas; déjense en maceración durante dos días, quedando entonces preparadas para la conserva.

La coliflor. — Escójase una hermosa coliflor bien prieta, pues si fuera floja o floreada, no serviría para el objeto. Divídase toda ella en cogollitos del tamaño de una nuez, ténganse remojando en agua fresca. Póngase agua en una cacerola al fuego adicionándole cincuenta gramos de sal por litro de agua. Cuando arranca el hervor, échense los cogollitos de coliflor, ténganse en ebullición durante *cinco minutos,* pues su suficiente. Escúrranse los cogollitos, refrésquense con agua corriente, déjense perfectamente escurrir y enfriar. Pónganse entonces en un barreñito y viértase por encima un litro de vinagre blanco *hirviendo.* Veinticuatro horas después se hace escurrir este vinagre, se hace hervir de nuevo y se vuelve a echarlo por encima de la coliflor. Se deja ésta en maceración durante dos días, estando entonces en el punto debido.

El apio. — Se quitan todas las primeras hojas a dos apios, los corazones se cortan a trozos y se cuecen en agua hirviendo y sal durante unos minutos. Luego se escurren perfectamente y se colocan en un barreño; se hierve un litro de vinagre y se vierte por encima del apio. Se dejan en maceración hasta el día siguiente, se escurre todo el vinagre, se pone éste en una cacerola al fuego con 230 gramos de sal y cuando arranca el hervor se vuelve a echar por encima del apio. Se dejan macerar durante veinticuatro horas y transcurrido este tiempo están en condiciones para la conserva.

Las setas. — Se limpian, se lavan y se recortan los pedúnculos, a continuación se ponen en una cacerolita al fuego adicionándoles 30 gramos de sal, el jugo de dos limones y 2 decílitros de agua. Se hierven durante *dos o tres minutos,* a continuación, se echa todo en un recipiente y se vierten por encima tres cuartos de litro de vinagre blanco hirviendo. Se dejan en maceración hasta el día siguiente. Transcurrido este tiempo se escurre todo el líquido de las setas, se pone al fuego y cuando arranca el hervor se vuelve a poner con las setas dejándolas así por espacio de veinticuatro horas; quedando ya dispuestas para la conserva.

Las zanahorias. — Escójanse 24 zanahorias tempranas, diminutas y de tamaño parecido. Móndense ligeramente. Pónganse en una cacerola con agua, háganse hervir durante *dos minutos*. Escúrranse y vuélvanse a poner en una cacerola; viértase por encima de ellas agua hirviendo hasta dejarlas cubiertas *a nivel,* adicionándoles un buen pellizco de sal y un poco menos de azúcar y háganse cocer hasta que estén blandas. Echense entonces en un tamiz y cuando hayan perfectamente escurrido, pónganse en un frasco echándoles por encima tres cuartos de litro de vinagre, dejándolas así por espacio de veinticuatro horas. Transcurrido este tiempo, vuélvase a hervir el vinagre, virtiéndolo por encima de las zanahorias cuando arranca el hervor. Déjense en maceración por espacio de veinticuatro horas, quedando ya preparadas para la conserva.

Los pickles. — Se cocerán y se procederá a macerar las legumbres de manera que coincidan en su terminación. Por tanto, dos días después de su última escaldada con vinagre se procederá a envasarlas. Para esto se echarán todas en un gran tamiz o criba, se tendrá cuidado de recoger y conservar 2 decílitros y ½ del vinagre de las setas y otro tanto del de las cebolletas, apio y pepinillos, pues son los de mejor aroma. A este vinagre se le agregan 3 litros de buen vinagre fresco en el que se habrá puesto en infusión una rama de estragón. Con este vinagre disuélvase ½ kilogramo de mostaza inglesa en polvo, añadiendo al líquido que se forma 400 gramos de sal y un polvito de pimienta de Cayena.

Váyanse colocando las legumbres en tarros o frascos de cristal bien distribuídas, es decir, que en cada frasco haya de todo. Ya colocadas en los frascos, échase por encima vinagre con mostaza hasta cubrirlas. Hecho esto, tápese herméticamente y guárdese en un local fresco.

PARTE TERCERA

PESCADOS Y MARISCOS

CAPITULO IV

Las sardinas saladas o de cuba

Las sardinas han de ser muy frescas, a poder ser recién pescadas. Se les quita la cabeza, que se tira, y se colocan en una tina de madera poniéndoles debajo una capa de sal gorda y otra más espesa encima, en esta forma se dejan por espacio de veinte horas, a fin de que suelten el agua.

Prepárese luego una combinación machacando por cada kilogramo de sal gorda 3 ó 4 gramos de cinabrio bermellón.

Téngase preparado un barril, en el fondo póngase una capa de sal combinada con el cinabrio bermellón. Váyanse colocando las sardinas bien escurridas. Estas se colocan por capas apretadas y en ringleras, todas en una dirección y el vientre siempre hacia abajo, un poco montadas unas sobre otras. Cúbrase cada capa con sal y vuélvanse a colocar más sardinas y sal hasta terminar, cuidando de que la última capa sea de sal y bien espesa. Encima se coloca un madero con una piedra para que haga presión y se deja en esta forma por espacio de diez o doce días.

Transcurrido este tiempo, aparece en la superficie una capa de aceite que debe retirarse, pues de lo contrario comunicaría las sardinas un sabor desagradable y rancio.

Cuando se hayan secado se podrán consumir.

Anchoas, arenques, mubles, etc. — Exactamente como la anterior.

Anchoas conservadas en sal. — Se han de preparar, a poder ser, recién pescadas. Se estrujan, se les arranca la cabeza y se ponen en una caja por capas alternadas con sal gruesa y se dejan así durante unas 60 horas.

Se pone a cocer mucha sal con agua, añadiéndole 3 gramos de cinabrio bermellón por cada kilogramo de sal gruesa y una vez cocido, bien disuelto y bien espumado, déjese enfriar por completo.

Nota. — Conócese que tiene bastante sal cuando, sumergiendo en este líquido un huevo, flota en la superficie.

Estas anchoas se conservan en frascos de cristal. En el fondo se pone una capita fina de sal, y se van colocando las anchoas unas contra otras de plano y con el vientre hacia abajo. Se van colocando las capas de anchoas alternándolas con otras de sal hasta llenar el frasco. Se echa entonces el líquido salado hasta cubrirlas por encima se pone una capa de sal gorda. Se tapan los frascos herméticamente cubriendo los corchos y embocadura con una capa de parafina derretida.

Pescados conservados al natural

Los pescados así conservados requieren un complemento de condumio cuando se vayan a consumir.

Salmón al natural

(FÓRMULA PRIMERA)

Después de escamado y limpio se corta a rodajas de 3 centímetros de grueso y se cuecen en caldo de vinagre o de vino, según costumbre (véase al final de esta receta). Se deja enfriar en el caldo, se escurre perfectamente, se le quita la piel dejando los trozos perfectamente limpios. Si las rodajas resultan mayores que las latas se parten en trozos. Se colocan dichos trozos en las latas, se cubren con el líquido de cocimiento filtrado por un trapo mojado y bie nretorcido y se sueldan las latas. Se hierven al baño de María durante 50 minutos, siendo de ½ kilogramo y durante dos horas las de un kilogramo.

Terminada la cocción se enfrían rápidamente en agua corriente.

Caldo de vinagre o de vino para cocer el salmón:

Proporción: 2 litros y ½ de agua, 45 gramos de sal

gorda, un decilitro y ½ de buen vinagre o 3 decilitros de vino blanco, 2 zanahorias partidas en rodajas, 2 cebollas ídem, media hoja de laurel, una rama de perejil y pimienta negra en grano.

Procedimiento. — Se hierve todo durante media hora, se deja *perfectamente enfriar,* una vez *frío* se vierte por encima del pescado ya colocado en donde se vaya a cocer. Cuando rompe el hervor, se separa a una esquina y después de unos minutos queda cocido.

Salmón al natural

(FÓRMULA SEGUNDA)

Después de escamado y limpio se corta en trozos a propósito para las latas a que se destinen (por lo general éstas suelen ser ovaladas y altas). Ya cortadas se ponen en una salmuera de 12 ó 14 grados (véase "El pesasales", página 15) durante unos 45 minutos; transcurridos éstos se saca el pescado, se seca con un paño y se va colocando en las latas llenando los huecos con los trozos más pequeños. En cada lata se pone una hoja de laurel, un clavo de especias y unos granos de pimienta. Se añade además un poco de agua natural y se sueldan. Se hierven al baño de María: las latas de ½ kilogramo por espacio de dos horas y las latas de 250 gramos durante una hora.

Luego se enfrían rápidamente en agua corriente.

Cangrejos al natural

Una vez limpios y retirado el intertino, se cuecen en agua un poco salada con perejil, laurel, tomillo y pimienta en grano; se dejan que hiervan durante cuatro minutos (siendo muy grandes, cinco minutos) y se retiran. Se meten en las latas cubriéndolos con un poco del líquido de su cocimiento, se sueldan y se hierven al baño de María durante diez minutos. A continuación se enfrían rápidamente con agua corriente. En vez de agua pueden cocerse con vino blanco, añadiendo, si gusta, pimienta de Cayena.

PESCADOS EN ACEITE

Atún mariné

El atún requiere ser muy fresco, a poder ser recién pescado. Una vez limpio, se corta en rodajas de cinco centímetros de grueso y se ponen a desangrar en abundante agua fría durante varias horas, cuidando de cambiarles el agua varias veces. Al quedar bien blanco el pescado, se coloca en una gran cacerola y se echa aguas hasta cubrirlo —fíjese que decimos cubrirlo y no bañado en agua—, se añade sal, pimienta en grano, hinojo, dos o tres hojas de laurel y unas ramas de perejil. Se hace hervir durante una hora espumándolo bien.

Transcurrido este tiempo se hacen escurrir perfectamente las rodajas de atún, poniéndolas en un tamiz y cuando se hayan enfriado se les despoja de la piel, espina y hueso y se van colocando los trozos bien apretados en las latas que han de ser altas y redondas. Se cubren bien con aceite fino, se sueldan y se esterilizan durante una hora hirviéndolas al baño de María. Luego se enfrían rápidamente en agua corriente.

Sardinas en aceite

Las sardinas, lo más frescas posible, casi indispensablemente recién pescadas, se vacían, se quitan las cabezas, se limpian una por una con un paño suave para evitar desgarraduras en la piel, se sazonan con sal y se ponen en una gran sartén llena de aceite ligeramente ahumante. Se dejan *cocer* durante unos diez minutos en este aceite *sin que se frían.* Se sacan de la sartén y se dejan escurrir encima de un enrejado.

Nota. — No creo tenga que advertir que se clasifican por tamaños, es decir, que no se colocarán en las latas sardinas grandes y pequeñas mezcladas.

Transcurridas unas horas después del cocimiento de las sardinas se colocan en latas, disponiéndolas simétricamente bien apretaditas. Se terminan de llenar las latas con buen aceite. Se sueldan y se hierven al baño de María durante una hora. Luego se enfrían rápidamente con agua de la fuente.

Besugos en aceite

Los besugos, como todos los pescados, requieren ser muy frescos, a poder ser recién pescados. Una vez limpios y vaciados se cortan en trozos regulares, se les da sal y se fríen en abundante aceite hasta dejarlos bien dorados.

Bien escurridos se colocan en las latas y se cubren con el aceite donde han frito —si resultara escaso añádase más aceite frito—, pasándolo por el colador chino. En cada lata se pondrá una hoja de laurel, un trozo de pimiento rojo (asado y quitada la piel) y unos granos de pimienta. Se sueldan las latas y se hierven al baño de María por espacio de 30 minutos siendo latas de un kilogramo y diez o doce minutos si son de medio kilogramo.

Salmón en aceite

Después de escamado y limpio se corta en trozos a propósito para las latas a que se destinen (éstas, generalmente, son ovaladas); ya cortado se ponen en una salmuera de 12 ó 14 grados (véase "El pesasales", página 15), dejándoles que se salen por espacio de unos 45 minutos; luego se secan con un trapo y se *cuecen* en abundante aceite, digo cocer y no freír, pues no han de tomar color, pero quedarse secos. En estando cocido, se coloca en un tamiz para que escurra y se enfríe por completo, ya frío se coloca en las latas, rellenando los huecos con trozos pequeños y se llenan con aceite fino. Se sueldan las latas y se hierven al baño de María por espacio de 45 minutos siendo latas de ½ kilogramo y durante dos horas siendo de un kilogramo.

Luego se enfrían rápidamente en agua corriente.

ARENQUES

Nota explicativa. — Esta conserva conviene se prepare en los meses de octubre y noviembre, que es cuando el arenque está en sazón. Vuélvolo a advertir: el pescado a conservar ha de ser fresquísimo, a poder ser recién pescado.

Los arenques se envasan generalmente en latas ex profeso que sean planas y para el consumo casero conviene conservarlos en latas pequeñas, pues una vez abiertas, éstas se han de consumir en el día, pues de un día para otro se estropean.

Filetes de arenque conservados en aceite

Procedimiento. — Se escogen hermosos arenques, se despellejan, se limpian quitándoles las cabezas, se levantan los filetes y éstos bien desprovistos de espinas, se cortan a lo largo dividiendo cada filete en cuatro o cinco filetes más estrechos. Se colocan en una lata plana, añadiéndoles sal fina, unas rodajas de cebolla, una hoja de laurel y pimienta en grano. Se cubren enteramente con aceite crudo y se tapan. Bien soldadas las latas se hierven al baño de María por espacio de media hora y acto seguido se enfrían en agua corriente.

Arenques conservados al vino blanco (o vino de Jerez)

A los arenques se les quitan la cabeza y agallas, se vacían con cuidado, pues han de conservarse en su sitio los huevos o lechadas, a continuación se escaman y se lavan con agua corriente. Después se ponen en salmuera a 20 grados durante tres cuartos de hora (véase "Salmuera", página 15).

Transcurrido este tiempo se escurren los arenques y se dejan secar. Después se colocan en latas ex profesas, planas y alargadas, unos sobre otros (como las sardinas), se sazonan con tomillo, laurel, pimienta negra, un clavillo de especias y una ramita de perejil.

Por encima se colocan unas rodajitas finas de cebolla y dos rodajitas de limón. Se tapan y se sueldan las latas dejando una abertura; por dicha abertura se introduce en la lata un líquido compuesto de vino blanco o jerez superior, un chorretoncito de vinagre y agua, en la proporción de dos terceras partes de vino y una de agua.

Introducido este líquido se termina de soldar la tapa y se hierven en el baño de María por espacio de veinte minutos (siendo latas de ½ litro).

Luego se enfría el baño añadiendo agua fría y no se sacan las latas del baño hasta que se hayan enfriado. Consérvese en un local seco.

Arenques ahumados

Límpiense los arenques escamándolos y lavándolos, no se quitan las cabezas, en cambio se abren y se quitan los intestinos, agallas y espina dorsal. A continuación se ponen durante tres cuartos de hora en salmuera a 20 grados (véase "Salmuera", página 15).

Transcurrido este tiempo se sacan y se prensan para aplastar cuanto se pueda sin quebrantarlos, y se cuelgan al aire hasta que se sequen. Una vez secos, se procede a ahumarlos; para ahumarlos se empleará leña verde, roble, o serrín, no empleando nunca pino por su olor a resina (fíjese, por tanto, que el serrín no proceda de esta madera). Se ahuman colgándolos en una cocina antigua o bien quemando esta leña en un local a propósito.

PESCADOS ESCABECHADOS

Nota explicativa. — Sea cual sea el pescado que se quiera escabechar, el procedimiento es el mismo; únicamente que siendo un pescado grande se parte en rodajas y cuando es pequeño, sardinas, berdel, anchoas, etc., se conserva entero.

El pescado ha de ser bien fresco, a poder ser recién pescado, y siendo grande se corta en trozos —algunos pescados, tal como el atún, requieren que se tengan desangrando durante hora y media en agua fresca—, bien limpio el pescado se seca con un trapo y se sazono con sal; luego se pasa ligeramente por harina y se fríe en abundante aceite hirviente, colocándolo luego de frito en una vasija de barro o de gres; el pescado ha de quedar bien dorado por todo, cuidando de dejarlo todo de un color y *sin quemarlo ni tostarlo*, igualmente se podrá freír sin pasarlo por harina.

En el mismo aceite en que se ha frito el pescado (colado por el chino, puesto de nuevo en la sartén y aumentándole un poco más de aceite crudo, siempre que su conjunto en cantidad no sea excesivo), se fríen cabezas de ajo (una cabeza por cada dos kilogramos de pescado), se añade laurel, tomillo, orégano, dos clavos de especias y ocho o diez gramos de pimienta negra en grano (por cada dos kilogramos de pescado). Al quedar todo frito, se añade un poco de buen pimentón, cuidando de que no se queme, y acto seguido se echa buen vinagre blanco de vino (dos litros de vinagre por cada tres cuartos de litro de aceite), se sazona con sal, se deja cocer durante unos cinco minutos y se echa todo ello por encima del pescado que ha de quedar bien cubierto de esta salsa, se deja enfriar y puede utilizarse.

Observaciones sobre los escabeches. — Estos pescados escabechados se han de consumir en días sucesivos, pues para conservarlos hay que envasarlos en latas bien soldadas y esterilizarlos al baño de María.

No gustando que sobresalga tanto el vinagre, póngase mitad vinagre y mitad vino blanco.

Tratándose de pescados blancos: merluza, congrio, lubina, truchas, etc., se suele suprimir el pimentón y se pone menos cantidad de vinagre, pero va en gustos.

La cantidad de sal, pimienta, especias y vinagre, será en relación con la cantidad de pescado que se quiera escabechar, pero tratándose de conservas caseras, habrá que tener en cuenta el gusto de los que las vayan a consumir, pues hay quien le gusta que esté muy fuerte y otros menos.

Nota. — Al añadir el vinagre y ponerlo en contacto con el aceite hirviente, salta y hay peligro de quemarse; por tanto, se dejará enfriar un poco el aceite antes de echar el vinagre y, a la vez que se echa vinagre, se tapará la sartén con una gran tapadera, y la misma advertencia hago tratándose de vino o agua, luego se volverá a arrimar la sartén al fuego para que hierva el conjunto durante unos minutos.

Se retirará la sartén del fuego antes de que se haya frito todo, pues aun sin fuego los ingredientes siguen friéndose por el calor adquirido y sin este requisito se corre el peligro de que se quemen.

También puede hacerse lo siguiente: hacer hervir el vinagre solo, en una cacerolita, y juntarlo al final con el aceite, así como el vino. Cúidese mucho de que no se queme el pimentón, pues luego amarga.

Sardinas en escabeche

Las sardinas se escogerán fresquísimas, a poder ser recién pescadas, se descabezan, se lavan, se secan con un trapo, se sazonan con sal y se fríen bien doradas, pasándolas antes por harina. Ya frías se colocan en latas a propósito (un poco altas y redondas). Se cubren con el líquido escabeche frío, colocando una hoja de laurel en cada lata; se sueldan y se hierven al baño de María durante veinticinco minutos. Terminada la cocción se enfrían rápidamente en agua corriente.

Nota. — Para la confección del líquido escabeche véase la "Nota explicativa" que encabeza el artículo.

Atún o bonito en escabeche

El atún o bonito (éste es más fino que el primero) requiere ser fresquísimo, más que pescado alguno. Cortado a trozos (generalmente en rodajas gruesas) se pone a desangrar durante hora y media en abundante agua fresca. Pasado este tiempo se sacan, se escurren, se sazonan con sal y se fríen en abundante aceite hirviendo. Se doran bien por ambos lados y se ponen en un barreño de loza ordinaria.

En el mismo aceite en que se ha frito el atún (previamente colado por el chino, puesto de nuevo en la sartén y aumentándole un poco más de aceite crudo, téngase en cuenta que la proporción de vinagre ha de ser por cada tres cuartos de litro de aceite 2 litros de vinagre, por tanto, la cantidad de aceite ha de ser la justa, si no habrá al final un excedente enorme de líquido escabeche que no se utilizaría), en este aceite se fríen cabezas de ajo, laurel, tomillo, orégano, clavos de especias, pimienta negra en grano. Al quedar todo frito se añade un poco de buen pimentón.(puede suprimirse), cuidando de que no se queme y acto seguido se echa vinagre blanco de vino, se sazona con sal y se deja hervir el conjunto durante unos cinco minutos, y se retira del fuego.

Se llenan latas con el atún —estas latas suelen ser grandes, de forma redonda, colocando entera la rodaja de atún y rellenando los huecos con otros trozos partidos, pero también pueden emplearse latas pequeñas, siempre de forma redonda— bien repartido, así como el líquido que ha de cubrirlo, en cada lata se coloca una hoja de laurel (o media hoja, según el tamaño de la lata); se sueldan las latas y se hierven al baño de María durante veinte minutos. Se enfrían rápidamente en agua corriente y se guardan en un local seco.

(Véase para las proporciones la "Nota explicativa", página 48.)

Besugo en escabeche

Los besugos, una vez limpios y vaciados, se cortan en tres o cuatro trozos, se sazonan con sal, se pasan por harina y se fríen en aceite. Una vez bien doradito, se sacan y se dejan enfriar en un barreño.

En el mismo aceite en el que se habrá añadido un poco de aceite crudo se fríen ajos, cuando se hayan dorado se añade tomillo, laurel y unos granos de pimienta (gustando, se pone además pimentón, clavillos de especias, algo de azafrán o canela o ambos). Una vez hecho el frito se añade vinagre en la proporción de 2 litros de vinagre por tres cuartos de aceite; se deja que hierva durante unos minutos y se retira del fuego.

Se llenan las latas con los trozos de besugo un poco apretados, se cubren con el escabeche (se comprueba antes el punto de sal). Se sueldan y se esterilizan al baño de María durante treinta minutos. Luego se enfrían en agua corriente como es costumbre.

Truchas en escabeche

Se escabechan siendo pequeñas, enteras, y al ser grandes se cortan en dos, tres o más pedazos, según su tamaño. Este pescado requiere ser recién pescado. Se limpian, se vacian, se les da sal y se fríen en aceite. Luego se les da un hervor en el siguiente caldo: Se pone en una cacerola al fuego, un litro de agua, otro litro de buen vinagre blanco de vino, una o dos cebollas partidas en trozos, dos o tres dientes de ajo, una hoja de laurel, una rama de tomillo, un poco de orégano, dos clavillos de especias, sal y pimienta negra en grano y se hace hervir hasta dejarlo reducido a la mitad. Se ponen entonces las truchas en este líquido y se cuecen durante unos minutos. Se retira el pescado y en el líquido donde ha cocido se añaden unas ocho o nueve hojas de gelatina. Se clarifica este líquido pasándolo por un paño limpio previamente mojado y bien retorcido y se deja enfriar. Mientras tanto, se colocan las truchas en las latas, se cubren con el caldo escabeche, se sueldan las latas y se esterilizan hirviéndolas en el baño de María durante quince minutos las latas de medio kilogramo y veinticinco los de kilogramo. Terminado este tiempo se enfrían rápidamente en agua corriente.

CUARTA PARTE

CARNES, AVES Y CAZA

CAPITULO V

EL CERDO

Nota explicativa. — Del cerdo se aprovecha todo; no tiene desperdicios; todo él puede conservarse en salazón, en embutido o en manteca.

Los jamones, lomos, chorizos, morcillas, etc., preparados en casa, siempre resultan mejores que los que se adquieren en los comercios; ahora bien, para exponer las recetas de los mismos tropiezo con el inconveniente de que cada país, más aún, cada región tiene sus métodos propios, sobre todo para el condimento e ingredientes de los embutidos. Procuraré, por tanto, exponer varias recetas de cada género, así cada cual podrá elegir luego la que más le guste, tanto más que todas ellas tienen un punto inicial común, variando tan sólo en los detalles: número y calidad de los condimentos, ahumado, etc.

Como este libro no es un tratado de chacinería, daremos por descontado que el cerdo que queremos conservar es de excelente calidad, magníficamente cebado y matado como es costumbre. No necesito subrayar que todo el trabajo ha de hacerse con gran limpieza, tanto de las personas como de los útiles y enseres; todos estos detalles tienen una gran influencia sobre la calidad del producto.

Sin embargo, con ser esto tan primordial, no basta para obtener excelentes conservas. Si no está bien hecha la salazón, los jamones resultarán descoloridos y con poco sabor, el tocino se pondrá rancio y los embutidos resultarán demasiado salados y secos; en resumen, que el resultado no corresponderá al trabajo. Aplicando exactamente los procedimientos que expongo a continuación, se obtendrán excelentes resultados, si no con menos trabajo a lo sumo con el mismo. Ahora bien, para que yo responda del éxito, han de aplicarse exactamente, de lo contrario, no me hago solidaria de los fracasos.

LOS CONDIMENTOS

La sal. — Este es el principal y a veces el único condimento. Se utilizan dos clases de sal: la gruesa para la salazón o salmuera, y la fina para sazonar. Este ingrediente, siendo tan importante, conviene hacer siempre una buena provisión de ellas, que se conservará en un local seco y bien ventilado, para que no tenga el menor vestigio de humedad cuando se vaya a emplear; pues la sal vieja y seca hace buenas conservas y siendo fresca y húmeda comunica a la carne cierto sabor amargo muy desagradable y corre el riesgo, además, de que se enrancie.

Luego vienen los condimentos complementarios: pimienta negra, ajo, cebolla, perejil, laurel, tomillo, hinojo, anís, nuez moscada, clavillo, enebro, azafrán y, para España, el obligado pimentón.

El condimento más empleado en los embutidos es el llamado

Las cuatro especias

Pimienta blanca molida	500 gramos
Clavos molidos	200 "
Nuez moscada rallada	100 "
Canela en polvo	200 "

Molerlas todas juntas y después tamizarlas.

LA SALAZÓN

La operación de la salazón es tan importante que todos los cuidados son pocos. Si se quiere obtener buenos resultados hay que operar con mucho método y precisión.

Primeramente hay que poner en buenas condiciones las tinajas o saladeros. Para la salazón se emplean sea tinajas de barro vidriado, sea saladeros de madera; ambos dan buen resultado. La víspera de cuando se vaya a proceder a la salazón de un género alimenticio se hará una limpieza esmerada de las tinajas o saladeros que se vayan a utilizar. Primeramente se escaldan y luego se lavan con agua y sosa y se frotan hasta dejarlos limpísimos y se aclaran en varias aguas hasta que no tengan el menor vestigio de olor.

Para tapar las tinajas y saladeros, lo mejor es disponer de pedazos de madera que se puedan introducir dentro; esta madera se envuelve en un lienzo y se coloca encima de la última capa de sal y para que haga presión fuerte se pone encima un montón de piedras bien asentadas.

Unos días después de la salazón se debe echar un vistazo a lo que se esté salando, se sacudirá la tinaja o saladera para que la sal penetre por todo, pues siempre queda algún hueco, y se volverá a echar más sal o salmuera a saturación (según el procedimiento que se siga). La salmuera a saturación se prepara poniendo sal en agua hasta que por lo salada no admita más sal, quedando ésta al final sin derretirse.

Como lo hemos advertido ya, no se debe tocar con la mano las viandas saladas, pues se estropean; hay que cogerlas con tenedor o cuchara de madera y, una vez sacadas de su envase, no se volverá a reintegrarlas, porque seguro se estropearían y estropearían el contenido restante.

Las viandas, huesos, tocinos, etc., se frotarán perfectamente con sal por todo, pero insistiendo especialmente en lo que toque al hueso, y se colocarán en las tinajas o saladeros bien prensados y separados con capas de sal. Se pondrá siempre corteza contra corteza y parte grasa con parte grasa.

AHUMADO

El ahumado es una operación importante, pues no solamente comunica a los productos un sabor muy apreciado, sino que facilita además su conservación por ser dicha operación una verdadera esterilización química, complemento casi obligado de la desecación, salazón o cocción de los mismos.

Durante el ahumado se deben tomar varias precauciones para obtener resultados satisfactorios. En primer término debe preocupar la naturaleza del combustible; las leñas de encina, roble, castaño, olivo, baya, así como la de los arbustos aromáticos: romero, tomillo, salvia, producen humos excelentes, pero hay que evitar los que puedan comunicar mal sabor; el pino se ha de proscribir por la resina que absorberían los productos.

En la industria chacinera se tienen instaladas cámaras especiales. En casa, habrá de ahumarlos en la cocina colgando los productos de la chimenea. Se colgarán éstos un poco altos y en el hogar se instalará un fuego lento de leña, vigilando éste sin cesar para que no se avive, pues un calor excesivo haría derretir la grasa y tocino que luego se enranciaría.

El primer día no se dejará más que media hora de humeo, en seguida jamones y lomos se frotarán con especias mezcladas y se dejarán en un local fresco y seco durante cuarenta y ocho horas. Se volverá a ahumarlos por espacio, esta vez, de una hora, dándoles otro reposo de cuarenta y ocho horas. Se vuelven a ahumar durante una hora, quedando ya hechos.

Se enfundan en telas de saco fino y se cuelgan en un local seco y ventilado, o bien se les da una buena mano de pimentón remojado con vinagre y luego se cuelgan. Necesitan, cuando menos, un mes de cuelga antes de consumirse.

TOCINO

Constituye el tocino el tejido graso subcutáneo del cerdo; el espesor de esta capa grasosa es variable según la raza del animal y sobre todo según el estado de su cebamiento. El tocino se conserva mediante la salazón en tinas o tinacos de madera.

Preparados ya los trozos de tocino que se quieren **salar**, se frotan bien con **sal gruesa**, primero sobre el **pellejo o corteza** y luego sobre la **cara grasosa** con cierta **presión hasta que la sal penetre** bien dentro e incorporada a los jugos forme salmuera.

Una vez así salados se colocan en el tinaco de la siguiente manera: Se pone un poco de sal en el fondo y sobre ésta se pone la primera capa de los trozos de **tocino con** *el pellejo hacia abajo,* después se cubren con sal y se colocan otros pedazos con la *parte grasosa hacia abajo,* quedando la corteza encima; se echa más sal y se coloca otra capa de tocino con la corteza hacia abajo y la parte grasosa arriba y así sucesivamente hasta colocarlo todo; fíjese: corteza contra corteza y parte grasosa contra parte grasosa, siempre separadas con una capa de sal.

Se pone para terminar una gruesa capa de sal que cubra bien todo el tocino. Encima se ponen unas tablas que soportan grandes pesos, encargados de apretar la pila y conseguir en los tocinos una mayor penetración de sal; después de cuatro o cinco semanas conviene darles una vuelta y un repaso de sal, sobre todo a los bordes para evitar que se pongan rancios.

Advertencia. — Una vez salado y puesto en la tina el tocino no se ha de tocar con las manos, pues se estropea; cuando haya necesidad de darle vuelta o se quiere sacar un trozo, éste se ha de sacar empleando grandes cucharas de madera o pinchándolo con un tenedor y una vez retirado del tinaco no se volverá a poner, pues se enranciaría, estropeando el resto. Por tanto, siendo para usos caseros, se salará el tocino en trozos más bien pequeños.

Fórmula segunda

Hecho todo como la anterior y colocados los trozos en el tinaco, se hace apartar una salmuera fuerte con agua y sal, y se revuelve bien. Para conocer si está en punto la salmuera, se echa en ella un huevo entero; cuando suba a la superficie, se halla en las condiciones necesarias. Entonces, con esta salmuera se cubre todo el tocino colocado en el tinaco, se ponen encima unas piedras grandes, se cubre con una tapa de madera, y así puede conservarse aunque sea dos años.

MANTECA DE CERDO

Manera de derretirla y de conservarla

Es muy conveniente derretir la manteca en casa; de este modo se tiene la seguridad de que no está adulterada.

A poder ser, se derretirá la necesaria para todo el año aprovechando las heladas y mayores fríos de los tres primeros meses del año para derretir la manteca que se haya de guardar para los meses de verano, pues se conserva mejor.

Se ha de derritir de 30 a 40 litros cada vez, según la cabida del caldero. Si se pone más de una vez, tardará mucho en hacerse y quedará menos manteca, y si se pone menos, se hará la manteca aprisa y será muy fácil se enrancie.

Nota. — Para utilizarla en seguida se puede hacer en pequeñas cantidades, pero resulta más cara.

Se cortan las pellas o pencas en trozos pequeños y se dejan en agua fresca durante una o dos horas, para que suelten la sangre que puedan tener. Transcurrido este tiempo se pone un caldero al fuego con un poco de agua, se escurren las pellas y se echan unas pocas al caldero y se revuelven sin parar para que se derritan y se vayan haciendo caldo. Se sigue echando el resto, según se va ablandando, para poder revolver, y cuando todo hierva se retira un poco el caldero y se deja que cueza *suavemente*, y para que no se queme se revuelve a menudo, sobre todo al principio.

Esta operación requiere largo rato, pues conviene, para su conservación, que esté bien cocida. Operando con las cantidades indicadas necesitará para hacerse de dos y media a tres horas, después que haya hervido el conjunto. Los chicharrones han de dorarse, pero no demasiado, despidiendo un olor agradable. Se cuela por tamiz apretado y para guardarla se echa en una o en varias vasijas o tinacos de loza ordinaria destinados al efecto.

Se saca la manteca al fresco, día y noche, lo menos durante unos quince días, con sólo un papel por encima para que no se manche, y si recibe heladas quedará mucho más tiesa. Si se le forman grietas se rellenan éstas con manteca derretida al baño de María, que se ha de echar cuando esté engordando y casi del todo fría.

Para obtener una manteca bien blanca y bien esponjosa, antes de introducirla en las vasijas y luego de colada, se bate con un batidor de alambre mientras esté caliente, hasta que quede completamente fría.

Los recipientes destinados para conservar la manteca deben estar perfectamente limpios, lavados y relavados con agua hervida y sosa y bien jabonados y aclarados en repetidas aguas, no solamente al hacer uso de ellos, sino, y principalmente, al terminar su contenido, pues podría ranciarse cualquiera esquina y estropear la manteca luego, y, después de limpios, se dejarán bien secos y boca abajo, sin taparlos, donde no haya polvo.

Nota. — Consérvese siempre la manteca en un lugar fresco.

CHORIZOS Y LONGANIZAS

Nota explicativa. — Estos embutidos son genuinamente nacionales. Dos detalles los caracterizan: el empleo del pimentón y la desecación a fondo.

Con la misma masa se preparan los chorizos y longanizas —algunos le añaden un poco de gordo a estas últimas—; el chorizo tiene la ventaja de que siendo más pequeño aguanta más tiempo; la longaniza es casi siempre un embutido más casero que se elabora para el consumo de la familia.

Algunas amas de casa tienen a gala el preparar unos chorizos o longanizas espléndidos embuchados exclusivamente con lomo de cerdo. Si su presupuesto se lo permite, hacen perfectamente.

Pero lo más corriente es utilizar para estos embutidos las carnes de cerdo de segunda categoría, costillar, cuello, etc. Si se emplea exclusivamente o en cantidad preponderante la parte llamada "magra" procedente de la pierna, los chorizos y longanizas, sin llegar al costo de las de lomo puro, serán ya de primera categoría. Por tanto, cada cual ha de ver lo que le conviene gastar. Vuelvo a advertir que es casi un imposible el exponer todas las fórmulas de chorizos españoles, ya que cada región, cada pueblo y, aun apurando más, cada familia, tiene una fórmula original de estos embutidos.

Nos limitaremos, por tanto, a exponer unas cuantas fórmulas de masa que indistintamente pueden ser aplicadas a los chorizos y longanizas, ya que tan sólo se diferencian en que la longaniza es embutido más largo que el chorizo y en ocasiones más graso.

Reglas generales para la buena elaboración de los chorizos y embutidos

Para hacer en casa los necesarios para todo el año se aprovecharán los menguantes de los primeros meses, siendo muy convenientes los días de frescos vientos y a poder ser sin lluvia, porque ésta les pone de color triste.

Como hemos dicho antes, cuanto mejor sea la carne elegida tanto más suculentos serán luego los chorizos, igualmente habrá que escoger unos magníficos pimientos choriceros. Han de ser del año y de primera flor. El pimentón ha de ser del mejor, picante o no, según el gusto de cada casa, y otro tanto digo de las especias, sal marina, etc., etc., pues de la buena calidad de los componentes dependerá luego la perfección del embutido.

Las tripas

Para embuchar los chorizos y longanizas se utilizan las tripas de ternera; es lo corriente, pero queriéndolos más gordos se escogerán de buey. Los intestinos de buey o ternera (grande) han de ser frescos del día y de tamaño regular, más bien gorditos; se limpian en varias aguas, frotándolos con sal gorda en la mano izquierda, según se tira con la derecha, hasta que dejen toda la porquería y dándoles frescuentes lavados de agua y vinagre, hasta que la tripa pierde todo su olor y aparece blanquísima. Se ponen al caño de la fuente para que les corra bien el agua. Metiendo dos dedos dentro de la punta y entrando un poco hacia dentro, el mismo chorro de agua les dará vuelta.

Nota. — Sería recomendable que en vez de abusar tanto del vinagre en el lavado de las tripas, se empleara la sosa cristalizada; una ligera maceración del intestino dentro de una solución de esta sal sirve mejor que los frecuentes lavados con vinagre puro o aguado.

Como generalmente los intestinos se emplean en el acto, no hay que recurrir a ningún medio de conservación; conviene, sin embargo, mantener los intestinos dentro del agua hasta el mismo momento de embutir.

Si se preparan de víspera, una vez limpios se inflan y se dejan colgados, para que apuren hasta el día siguiente, y a la mañana siguiente, cuando se vayan a embuchar, habrá que humedecerlos por fuera. Se calcula una vara de intestino por libra.

Embutido de los chorizos y longanizas

Los intestinos humedecidos se embuten con la masa preparada, utilizando la máquina de llenar, agarrando las puntas y costados en trozos convenientes —si hubiera desgarraduras en los intestinos se cortarán por ellas—. Se ata la punta, se aprieta bien la masa, pinchando con un alfiler blanco (quemada la punta de éste) a fin de que salga el aire que haya quedado dentro del embutido; se ata el chorizo o longaniza dejándolo de la largura que se quiera, y así todos los demás, en sartas de seis u ocho, a capricho.

Se cuelgan donde les dé bien el aire por todas partes, y haciendo en aquel local un poco de fuego con humo todos los días (véase "Humeo", pág. 67), hasta que estén bien secos (de quince a veinte días, según el grueso). Para consumirlos en seguida se dejarán colgados y para conservarlos se hará como sigue:

Conservación de los chorizos y longanizas

Terminado el humeo, se recogen, se tienen unos dos días envueltos en paños de cocina; después se frotan con un lienzo fino y bien limpios se guardan uno por uno en tarros o latas, colocándolos alternados con capas de manteca derretida, que ha de estar casi fría, o sea cuando comienza a enturbiarse al revolver; la última capa ha de ser de manteca y un poco espesa. Una vez bien frío todo, se cubre con un papel pegado a la medida del tarro, y luego un pergamino bien atado para que no se introduzca el aire, pues los echa a perder. Conviene, por tanto, para el uso familiar, ponerlos en tarros pequeños. Deben guardarse en sitio fresco, sin humedad.

Chorizos vascos

Hechos exclusivamente con magro de cerdo y pimientos choriceros.

Cantidades (1). — 12 kilogramos de magro de cerdo (jamón deshuesado y cabeza de lomo), 700 gramos de sal marina, doscientos pimientos choriceros y dos cabezas de ajos.

Procedimiento. — Se preparan de víspera los pimientos choriceros; éstos han de ser del año y de primera flor. Se frotan uno por uno para quitarles el polvo, se abren a lo largo y se les quitan las semillas. Se ponen en agua. Esta operación se hace de víspera. A la mañana siguiente se les quitan las venas y se les cambia el agua; y unas dos o tres horas antes de hacer la salsa, se sacan, apretándolos para que se escurra el agua y se ponen a apurar en una cesta-parrilla sobre un lienzo limpio. Si se dispone de la máquina especial para salsa de chorizos, que se arma y se sujeta a la

---

(1) Calcúlese (aproximadamente) por cada kilo de carne 50 gr. de sal marina y unos 16 ó 17 pimientos choriceros.

mesa con una especie de herradura de hierro con sus tornillos, el extraer la carne de los pimientos es cosa fácil; se van introduciendo los pimientos y recogiendo la salsa con una cuchara y echándola a medida en un barreño. El jamón deshuesado y las cabezas de lomo (mejor aún si se utiliza solamente lomo) se pican a mano muy menuditos, quitándoles las sangres y venas o nervios que puedan tener las carnes, y según se va picando se echa lo picado en un gran barreño o caldero. El recipiente ha de corresponder al volumen total, pues todo ha de caber en él. La carne picada se va colocando en el caldero alternándola con capas de sal. Una vez picado todo, se añade la salsa y se mezcla bien revolviendo desde el fondo, se echan unos cuantos dientes de ajo, que se retirarán antes de embucharlos, y cuando esté todo bien mezclado se iguala por encima, poniéndole de capa la segunda masa que se espolvorea con un poco de sal y se deja así veinticuatro o cuarenta y ocho horas.

A la mañana siguiente se prueba la masa para ver si tiene suficiente sal, metiéndola después en los intestinos, como lo hemos explicado (véase "Nota explicativa", página 63).

Chorizos de la Rioja

Cantidades. — 11,50 kilogramos de carne de cerdo magra, 300 gramos de sal, 300 gramos de pimentón dulce, 125 gramos de pimentón picante, diez o doce granos de ajo machacados y 2 litros de agua.

Nota. — En el chorizo de primera sólo entra en su composición la carne magra de cerdo, adicionada de un poco de tocino. Algunas amas de casa preparan por tradición familiar, unos magníficos chorizos empleando tan sólo el lomo de cerdo puro. Son chorizos que no se encuentran en el comercio, por su mucho costo.

Procedimiento. — Las carnes de cerdo se tienen en orea de veinticuatro a cuarenta y ocho horas, según la temperatura.

Antes de preparar las carnes para el picado, se ponen todas las especias en los dos litros de agua. Entonces se parten las carnes, quitándoles las sangres, venas, nervios y gordos que puedan tener, se pesan y se pican muy menudo dejando lo picado en un caldero (en la Rioja, la ponen en unos depósitos llamados "pilas"); cuando toda la carne esté picada se le añade el agua con las especias que constituyen el adobo, revolviendo bien todos los componentes y dejándolo en maceración durante veinticuatro horas; pasado este tiempo, se embute como lo tengo explicado (los chorizos de la Rioja suelen embutirse en intestinos bastante gordos y algunos miden hasta 50 centímetros de largo). Con un hilo grueso se hacen divisiones, dejando cada pieza del largo que se quiera, y se cuelgan en una habitación aireada para que se enjuguen.

Al tercer o cuarto día, cuando se observa que el embutido no gotea, se humean (véase "Humeo", página 67), continuando así hasta que la tripa presente en la superficie asperezas; entonces, desde este momento se humean sólo un rato por la mañana y otro por la tarde, hasta que los chorizos queden perfectamente secos.

Chorizos de Candelario

(Fórmula primera)

Proporciones. — Por cada kilogramo de carne: 30 gramos de sal marina, 32 gramos de pimentón molido de primera calidad, orégano y ajos machacados (el orégano en muy pequeña cantidad).

Procedimiento. — Se escogerá solamente la parte más magra de la carne, quitándole las sangres, venas, nervios y gordos que pueda tener, luego se pica bien menudito a mano y según se va picando se pone en un barreño hondo o en un caldero proporcionado a las cantidades. Una vez picada toda, se sazona con sal, pimentón dulce y el orégano y ajos machacados. Mézclese todo perfectamente y déjese adobar por espacio de veinticuatro horas.

Al día siguiente se ha de embuchar sin más dilación y para estos chorizos se utiliza el intestino recto, en la llamada "tripa cular". Luego se secan y humean como lo tengo explicado.

Chorizos de Candelario

(Fórmula segunda)

Exactamente como la anterior, pero poniendo dos partes de carne de cerdo y una de vaca.

Longaniza andaluza

Cantidades. — 4 kilogramos de carne de cerdo magra, 60 gramos de pimentón molido dulce, 15 gramos de canela molida, 3 gramos de alcaravea, 3 gramos de jengibre, 20 gramos de anís tostado y molido, 10 gramos de pimienta negra molida, 20 gramos de alegría tostada, 50 gramos de ajos mojados con sal, siete u ocho clavillos de especias, 10 céntimos de azafrán, 100 ó 150 gramos de sal marina, al gusto, y medio litro de agua, o algo más, según la calidad de la carne.

Procedimiento. — La carne se pica a mano muy menudito, quitándole las sangres y venas o nervios que puedan tener las carnes; y según se va picando se echa lo picado en un gran barreño o caldero. El recipiente ha de ser proporcionado al volumen total, pues todos los elementos constitutivos de las longanizas han de caber en él. La carne picada se va colocando en el caldero alternándola con capas de sal. Una vez picado todo, se le añaden todas las especias que entran en su composición; después se amasa perfectamente y se le va agregando el agua hasta que forme una pasta blanda; se deja toda la masa cuando menos veinticuatro horas (no pasando de las cuarenta y ocho horas) para que la carne tome bien el gusto del adobo; pasado este tiempo se embute en tripa delgada de cerdo o de vaca. Luego se termina como viene explicado.

JAMÓN

Nota explicativa. — Los jamones de primera calidad se preparan con los perniles del cerdo; los de la espalda no son tan finos.

La fabricación de jamones es igual en todas partes, variando solamente los detalles, es decir, que para su preparación se emplea siempre como materia prima la sal.

Los métodos preconizados para salazón son dos: salazón en seco y salazón en salmuera.

En la preparación de nuestros jamones, sea cual sea la región, no existe ningún procedimiento especial; como materia conservadora se emplea exclusivamente la sal, sin adición de ninguna otra substancia; ya hemos dicho que se salan en seco y en todas partes se hace lo mismo; la única variación que se observa es en la forma de recortar el jamón y en quitarle o no quitarle la pezuña.

Siendo esta preparación la misma en todas las regiones, cabe preguntar: ¿por qué han adquirido fama los de una región y no los de otra? El "secreto" en este caso lo tiene el ambiente y también influye mucho la alimentación. Los jamones de Jaburgo deben su cualidad a que los cerdos de los cuales provienen se alimentan con bellotas.

Salazón de jamones

Método casero

Procedimiento. — Separados los perniles de la res, se cuelgan para que se oreen un par de días. Terminado el oreo se les extrae primeramente toda la sangre que puedan tener, frotándolos en la dirección de las venas de la pierna hacia el centro, secando bien la sangre con un lienzo limpio y recogiendo después todas las venas que se pueda y arrancándolas, y se frotan con salitre a razón de unos 50 gramos por jamón y a continuación se frotan con sal. Esta operación que se hace a fuerza de puños, debe durar unos quince minutos. Luego se colocan boca abajo sobre una buena capa de sal, apilándolos unos sobre otros, se cubren con mucha sal gorda; se tapan con un mantel y se les ponen encima piedras anchas que se posen bien sobre los jamones (un buen montón de ellas).

A los ocho días se da vuelta a los jamones; y ocho días después se sacan, se deslavan con agua fría por encima y se cuelgan en un local bien aireado.

En la Rioja y las Vascongadas se hace lo siguiente: unos días después se les embadurna bien, particularmente por el hueso del centro, rellenando bien los huesos con una masa hecha con vinagre, dos partes; agua, una parte, y pimentón molido en cantidad suficiente para formar una masa. Convendrá repetir esta operación dos o tres veces durante la temporada.

Nota. — Aconsejamos que para esta masa se ponga aceite en vez de agua. El aceite hace a la masa más flexible y pegajosa. En Galicia y Asturias es costumbre de ahumar los jamones.

Precisa tenerlos siempre colgados en un local fresco y *seco*, pues la humedad los estropea, y preservarlos bien de las moscas.

Se ha de esperar tres o cuatro meses para poder consumir los jamones.

Salazón de jamones

Fórmula segunda

Procedimiento. — Para esta salazón de jamones precisa una tinaja de boca ancha o saladero con un orificio que éste ha de llevar en la parte inferior.

En el fondo de la tinaja o saladero se pone una espesa

capa de sal, hierbas aromáticas, azúcar moreno y pimienta negra molida. Una vez preparado esto, se extrae primeramente toda la sangre que puedan tener los jamones; para esto se estrujan muy bien por la cara carnosa y se secan bien con un lienzo; luego se frotan con salitre a razón de 50 gramos por jamón y a continuación se siguen frotando con sal fina (1 kilogramo por cada jamón); esta operación tiene que durar unos quince minutos y frotar vigorosamente. Hecho esto se colocan los jamones encima de la capa de sal que tenemos en la tinaja, se espolvorean con pimienta y azúcar, se adicionan unos gramos de enebro, se cubre todo con una capa de sal aprovechando también la que ha servido para frotarlos (no creo que sea necesario diga que siendo muchos los jamones se apilan separándolos con capas de sal); una vez colocados todos y bien cubiertos de sal, se tapan con un paño limpio y se les pone peso encima: piedras anchas que se posen bien sobre los jamones (un buen montón de ellas). Pasadas veinticuatro horas se abre el orificio de la tinaja o saladero y se extrae por él la salmuera o líquido que se haya hecho y se vierte por encima separando las piedras. Al cabo de veinticuatro horas se repite la misma operación, haciéndolo durante cuatro días, pasados los cuales se cambian de posición los jamones, es decir, que la parte superior se coloca en el fondo; se cubre otra vez con sal, volviendo a colocar las piedras en la misma forma y dejando los jamones en salmuera de dieciocho a veinte días, según el grueso de los mismos y repitiendo la mudanza tres veces durante este tiempo; pasado el cual se sacan de la tinaja, se lavan para quitarles la sal y se cuelgan en un local bien ventilado.

Según convenga se humean o se envuelven con una pasta hecha con vinagre, agua y pimentón molido (véase "Salazón de jamones", método casero, pág. 80).

Lomo de cerdo

Esta conserva se hace de varias maneras, según las regiones, llamándola "Lomo embuchado", "Lomo curado", "Lomo adobado y frito", etc.

Lomo curado

Rioja y Vascongadas

Se procede como para los jamones; el lomo de cerdo entero se orea durante dos días, luego se frota con sal fina adicionada de sal de nitro. A continuación se ponen en cajones o tinajas bien cubiertas de sal gorda, separados por capas de sal. Se dejan que se salen durante unos siete u ocho días. Luego se lavan, se cuelgan durante dos días y se envuelven bien con una pasta hecha con pimentón y aceite. Se conservan colgados en un sitio fresco y seco.

Lomo adobado y frito conservado en manteca

Se cortan los lomos en trozos grandes; se ponen en un adobo preparado con un poco de buen vinagre de vino blanco, unos ajos crudos machacados, sal, pimienta, un poco de orégano y pimentón dulce. Se dejan adobar durante seis o siete días.

Pasado este tiempo, se sacan, se ponen en una cacerola con manteca mezclada con aceite y se rehogan hasta que estén bien tiernos. Para que no se frían de repente es conveniente añadir parte del caldo del adobo. Cuando se ha consumido todo el líquido y queda solamente el pringue, se sacan los trozos de lomo, se colocan ordenadamente en una tinaja cubriéndolos con la grasa en que se frieron; han de quedar perfectamente cubiertos de manteca; por tanto, si no lo estuvieran habrá que ponerles más; para esto se derrite manteca de cerdo y se deja enfriar y antes de que se cuaje se echa en la tinaja.

Se deja destapada la tinaja hasta que la manteca esté bien dura; después se tapa herméticamente.

Los trozos de lomo se sacarán empleando tenedores de *madera*, nunca con la mano.

Lomo embuchado

Se elabora exclusivamente con lomos de cerdo. Se dejan perfectamente desprovistos de sangre, grasas, nervios, etc., se cuelgan y se dejan escurrir durante doce horas; se limpian con un lienzo y se cortan en trozos, los cuales se ponen en un adobo compuesto de sal, ajos machacados y pimentón dulce (si gusta se añade un poco de pimentón picante), y si se quiere podrá añadirse pulpa de pimientos choriceros; para esto se ponen a remojar en agua durante veinticuatro horas y con un cuchillo se raspa la carne cuidando de quitarles las pepitas antes del remojo; se añade un poco de agua a la pulpa; si gusta, se pondrán, además, especias y aromatas, anís, canela, orégano, cilantro, vino, etcétera.

Las carnes han de permanecer en este adobo durante dos o tres días para que se impregnen bien.

Una vez bien adobadas se embuten a mano en la tripa cular de vaca o cerdo y el ciego del cerdo.

La operación de embutir reclama cierta experiencia para que los pedazos rellenen completamente la tripa y no queden huecos donde se pueda colar el aire, pues éste estropearía el embutido, enmoheciéndolo o agriándolo.

Terminado el embuchado se cuelga en un local bien ventilado y seco.

MORCILLAS

Nota explicativa. — Las morcillas son embutidos cuyo factor principal es la sangre, pero en su composición entran otras muchas substancias, tales como gordos, cebollas, puerros, arroz, patatas, trozos de lengua, etc. Cada país, cada región tiene sus tipos diferentes de morcillas; por tanto, sólo expondremos las más corrientes. Desde luego, las morcillas más finas se hacen exclusivamente con sangre y grasa.

La sangre. — Un cerdo de unos 110 kilogramos de peso dará aproximadamente unos 5 litros de sangre con lo que se sacarán unos 10 ó 12 kilogramos de morcillas.

La sangre del cerdo se recoge en un caldero y a medida que va cayendo se la revuelve con la mano, añadiéndole un puñado de sal para que no se coagule (a pesar de todo, siempre se forman algunos coágulos que habrá que ir retirando).

La tripa. — Las morcillas se hacen más o menos gruesas, al gusto. Los intestinos bien limpios (véase "Las tripas", pág. 73), se coge por separado cada trozo y se sopla dentro para asegurarse de que están enteros. Si están agujereados se cortan por donde lo estén.

A medida que se van verificando los intestinos, se separan en trozos del tamaño que se quiera y cada trozo se ata por una de sus extremidades con hilobala, dejando la otra extremidad sin atar, y se van colocando estos trozos en un barreño colocando fuera, en el borde, la extremidad no atada. El barreño ha de contener agua fría hasta el mismo borde. Colocados así los intestinos se podrán luego embutir mucho más rápidamente las morcillas.

Embutido de las morcillas. — Una vez preparada la masa, se van llenando los intestinos con un embudo; primero los más gordos y luego los estrechos, teniendo cuidado de dejar sin llenar como el grueso de dos dedos para que al cocer no reviente. Atadas una por una, se lavan bien en abundante agua fría y se escurren bien. Se pone al fuego un caldero con agua abundante y cuando arranca el hervor se separa el caldero del fuego vivo y cuando hierve ya casi imperceptiblemente se ponen las morcillas despacio para no romperlas y se dejan cocer así por espacio de quince o veinte minutos vigilando para que no hierva fuerte, pues se reventarían.

Se comprobará si están ya cocidas, sacando una con la paleta y pinchándola con un alfiler: si lo están no saldrá sangre.

Se retiran con cuidado para no romperlas y si se quiere darles brillo se frotan con un trozo de tocino fresco. Se ponen encima de la mesa sobre un mantel y se dejan enfriar.

Morcillas castellanas

Cantidades. — 5 ó 6 litros de sangre de cerdo batida; 1 ½ kilogramos de arroz; 3 ó 4 cebollas regulares; una cantidad regular de pimentón dulce, sal, pimienta negra molida, orégano, anís y canela al gusto.

Procedimiento. — El arroz se cuece con agua sin sal y ha de quedar espeso, se escurre bien y se mezcla con la cebolla picada y rehogada con la grasa del cerdo; seguidamente se mezcla todo con la sangre del cerdo y las especias molidas, así como la sal y el pimentón. Preparada así la masa, está en condiciones de embutirse; llenos los intestinos, se cuecen durante quince minutos; se cuelgan fuera, pues se orean al aire. Estas morcillas hay que consumirlas en seguida, pues no se conservan.

Morcilla fina

Esta morcilla se prepara con cebolla frita (sin quemarse), sangre de cerdo y la grasa que convenga. Se sazona con sal, pimienta negra y las especias que se quiera. Luego se embuten y se cuecen como lo tengo explicado.

Morcillas vascas

Se cuecen de víspera tres libras de arroz para un cerdo grande y dos para uno pequeño. El arroz se cuece con agua *sin sal*, de manera que quede espeso, y se extiende después de bien cocido en una cesta plana sobre la cual se habrá puesto un lienzo —se hace esto para que apure el agua de cocimiento y esté fría cuando se vaya a utilizar—; así que la sangre se haya enfriado se cuela por un trapo clarita para que no quede ninguna partícula, y se va echando el arroz cocido y frío desliendo con una mano en la sangre; después se echan todos los pedazos de manteca que se quiera, así como un par de cebollas grandes, bien picadas, sal y pimienta al gusto, y un poco de clavillo (todas estas especies en polvo) y se mezcla bien todo, se prueba para comprobar que está bien sazonado. Se embuten en los intestinos como lo hemos explicado.

Morcilla francesa

Proporciones. — 6 litros de sangre; 3 kilos de redaño de cerdo; 3 kilos de cebolla; 1 ½ litros de crema de leche; tres o cuatro puñados de miga (desmigada) de pan francés; perejil, tomillo y laurel; sal, pimienta y las cuatro especias.

Procedimiento. — Se pican finamente las cebollas y se ponen a cocer con un poco de manteca. Ha de cocerse con calma para que no se doren.

Mientras tanto, se pone a remojar la miga en la crema de leche y se corta el redaño en pedacitos.

Una vez cocida la cebolla se pone en un caldero junto con el redaño, la miga remojada y la sangre. Se sazona con las hierbas bien picaditas, las cuatro especias, sal y pimienta. Se mezcla todo perfectamente y se procede a llenar los intestinos. La morcilla francesa ha de estar bien sazonada, no escatimando la pimienta negra recién molida.

Butifarra catalana

RECETA PRIMERA

Se pica bien picada carne de solomillo de cerdo con la cuchilla, se echa sal y pimienta negra en polvo, pimentón colorado, orégano molido y pasado por el tamiz, ajos machacados y desleídos con un poco de agua. Se pone todo en un barreño, agregándole el 25 por 100 de tocino gordo cortado a cuadritos, amasándolo mucho para que tome bien este adobo y se tiene así durante tres o cuatro días, cuidando de remover la masa dos veces al día. Transcurrido este tiempo se mete en las tripas que sean anchas. (Estas se tendrán, previamente limpias, en una infusión compuesta de orégano, sal y agua suficiente para que las cubran escurriéndolas bien cuando han de usarse.) Una vez llenas se atan de trecho en trecho después de pincharlas para que salga el aire y se cuelgan en un sitio fresco para que se oreen durante uno o dos días. Pasado este tiempo, se ponen en un caldero, se cubren de agua fría y se ponen a cocer. Se dejan hervir una hora; se escurren y se cuelgan en un sitio fresco y seco.

Butifarra catalana

RECETA SEGUNDA

Se escoge carne magra de cerdo, sin quitarle la grasa; se pica muy bien, sazonándola con sal, pimienta negra molida, canela, un poco de clavillo de especias, un polvo de canela y vino blanco. Se mezcla todo perfectamente y se deja reposar durante dos horas.

Transcurrido este tiempo se llenan con esta pasta tripas muy limpias procediendo en todo igual a la anterior receta.

Butifarra negra

Cantidades. — 1 kilo y medio de tocino graso, 1 litro de sangre de cerdo, 1 kilo de carne magra trinchada, sal, pimienta, nuez moscada, clavillo, canela en polvo.

Procedimiento. — Córtese a cuadraditos el tocino, póngase en un barreño, agréguese la sangre y la carne magra bien picadita, sazónese con sal, pimienta y nuez moscada, una pizca de clavillo y un poco de canela en polvo, mézclese bien y rellénense las tripas como lo tengo explicado (véase "Morcillas", página 85), sujetando los extremos con hilo. Preparadas todas se colocan en un caldero con agua que las cubra y se cuecen unos cuarenta y cinco minutos, se conoce cuando están en su punto pinchándolas con una aguja si lo que brota sale claro; mientras sea sangre habrá que continuar la cocción. Se sacan con cuidado para no romperlas.

Nota. — Según el tamaño de la butifarra, necesitará más o menos tiempo.

LENGUA DE VACA A LA ESCARLATA

Método moderno

Cantidades. — Una lengua de vaca o buey de un kilo y medio aproximadamente.

Para la salmuera. — 1 kilo 500 gramos de sal gruesa, 150 gramos de azúcar moreno, 75 gramos de sal de nitro, 3 litros de agua, 8 gramos de pimienta negra, 8 gramos de enebro, dos ramas de perejil, una rama de tomillo, una hojita de laurel.

Nota. — La salmuera, cuando se vaya a hacer uso de ella, ha de estar perfectamente fría; por tanto se preparará con varias horas de anticipación y se conservará en un sitio fresco.

Procedimiento. — Pónganse en una cacerola todos los ingredientes de la salmuera y hágase hervir durante diez minutos (desde que arranca el hervor), retírese de la lumbre y déjese enfriar.

Despójese la lengua de cuantos gordos, nervios y huesecitos tenga; córtese la parte de arriba y el garguero, dejándola perfectamente limpia, lavándola y relavándola; luego se seca. Hecho esto, se la pincha repetidamente por todo con una aguja de mechar, frotándola en seguida con 100 gramos de sal fina mezclada con 30 gramos de sal nitro.

Nota. — Estas dos sales son independientes de las apuntadas en las cantidades y antes de usarlas se mezclarán y se triturarán bien y se frotará con ellas la lengua por un buen espacio de tiempo, sin temor a cansarse.

Póngase entonces la lengua en un barreño hondo de *barro* o de *gres*, viértase por encima la salmuera *fría*, que ha de cubrirla perfectamente, y para que no flote se le pondrá algo de peso encima (un trozo de madera con un peso de 2 kilogramos); ya preparada consérvese al fresco. Téngase así por espacio de ocho o diez días, y haciendo mucho frío podrá necesitarse hasta doce días de salmuera.

Nota. — Todo los días se dará vuelta a la lengua, y fíjese, pues es muy importante: para darle vuelta *no se le tocará con las manos, pues se estropearía la salmuera;* se emplearán para ello dos cucharas de *madera*.

Retirada la lengua de la salmuera se lava con agua fría, dejándola luego en remojo por espacio de dos horas.

La lengua se cuece en dos aguas.

Se pone la lengua en una cacerola bien cubierta de agua fría y cuando haya dado en ella unos hervores se tira esta agua, se lava la lengua con agua clara y se vuelve a poner en la cazuela con abundante agua fría, agregándole cebolla y zanahoria partidas en trozos grandes, dos o tres puerros, perejil, laurel, tomillo, un clavillo de especias y pimienta negra en grano, y se deja hervir suavemente por espacio de unas dos o tres horas (aproximadamente a razón de cuarenta minutos de cocción por cada medio kilo).

Ya cocida la lengua (ha de atravesarse fácilmente con una aguja larga por su parte más dura), sáquese del caldo e inmediatamente despójese de la piel y para que no se obscurezca se envolverá acto seguido en un papel blanco untado con mantequilla.

Ya perfectamente fría queda virtualmente terminada la confección de la lengua, si se ha de consumir en seguida, pero si es para conservarla se elegirá uno de los dos procedimientos siguientes:

El primer procedimiento. — Se tienen preparadas unas lonchas de tocino sumamente delgadas, se envuelve con ellas la lengua; se tiene también preparado un trozo de intestino de vaca que esté cerrado por un lado (el intestino se ha de lavar repetidamente con agua, vinagre y sal, hasta que no huela a nada) y se introduce en él la lengua, se ata en la extremidad, dejando el intestino algo flojo, pues si estuviera justo al dar el último hervir se rompería (los fabricantes introducen la lengua en el intestino estando caliente aún y después de envolverle con tocino, y no la hierven; por tanto, adóptese el método que se prefiera).

Si se la cuece se pone en el mismo caldo en que coció, que se tendrá en ebullición, dejándola en él durante diez minutos; terminado este tiempo se retira, se seca con una servilleta, se pinta con carmín vegetal y se cuelga para que se seque; si no queda bien pintada vuélvase a pintarla.

Puede consumirse desde el día siguiente; pero no partiéndola puede conservarse durante mucho tiempo.

Segundo procedimiento. — Este resulta mucho más rápido y sencillo; se lo brindo, por tanto, a todas las amas de casa.

En un litro de agua templada disuélvanse 500 gramos de cola de pescado, y una vez disuelta se colorea el líquido con caramelo quemado y carmín vegetal.

Nota. — No se puede precisar la cantidad de uno y otro; aproximadamente, si son de excelente calidad, se echarán dos cucharaditas de carmín por una de caramelo; pero puede necesitarse más.

Ya frío, pero antes de que haya empezado a cuajarse, sumérjase la lengua en la gelatina, hasta dejarla bien envuelta; sáquese entonces, déjese enfriar la envoltura de gelatina, quedando así preservada del aire y pudiendo conservarse por mucho espacio de tiempo.

PERDIZ EN ESCABECHE

Proporciones. — Para cada perdiz: media cebolla, media zanahoria, dos dientes de ajo, una rama de perejil, una ramita de tomillo, un cuarto de hoja de laurel, un clavillo de especias, medio cucharón de aceite, medio cucharón de caldo, medio decilitro de vino blanco, un decilitro de vinagre, sal y pimienta negra en grano.

Nota. — No podemos asegurar que la cantidad susodicha de vinagre sea exactamente la necesaria, ya que algunos vinagres son más fuertes que lo corriente o más flojos. Al final pruébese la salsa por si ha lugar de añadirle más; igualmente restifíquese la sal y la pimienta.

Procedimiento. — Desplúmense, destrípense y flaméense las perdices. Una vez preparadas las perdices, póngase en una sartén al fuego el aceite, caliéntese, póngase la perdiz, dórese bien, agréguense la cebolla picada y la zanahoria partida en trozos, adiciónense las especias y las hierbas, rehóguese el conjunto, añádase el vino, el vinagre y el caldo. Cuando arranca el hervor trasládense todos a una olla de barro (1), tápese con un papel recio, póngase la tapa con peso encima y déjese cocer a fuego lento. Así que están las perdices cocidas (conócese cuando los muslos se separan de la pechuga), retírense del fuego, cuélese la salsa por un tamiz para que resulte clara, pónganse las perdices

---

(1) Nos permitimos recomendar la marmita "Ama" siempre que se quiera una cocción por concentración, pues la marmita "Ama" cierra herméticamente.

en una vasija a propósito, después se derrite gelatina de carne y se echa por encima, con lo que se guarda todo el tiempo que se quiera.

Se podrán envasar individualmente en tarros de cristal y se cubren con el adobo donde han cocido, pasándolo por el chino. Cuando quede bien frío, se cierran los tarros herméticamente, guardándolos en un lugar seco y fresco.

PURÉS DE CARNE A LA INGLESA

Para tostes, canapés, emparedados, mediasnoches, etc.

Nota explicativa. — Estos purés de procedencia inglesa se han vulgarizado ya tanto que pueden adquirirse en los buenos ultramarinos, pero resultan mucho más económicos preparados en casa, aprovechando para ello el restante de una carne, ave o caza.

En invierno se conservan buenos por espacio de varios días; en cambio, en verano hay que tenerlos en la nevera. Para conservar estos purés, por tiempo indefinido, hay que esterilizarlos hirviéndolos en el baño de María.

Para el consumo casero será prudente conservarlos en tarros o latas pequeñas, pues una vez destapados se avinagran fácilmente.

PURÉ DE CARNE DE BUEY

Potted-Beef

Nota. — Como dijimos antes, se podrán aprovechar las sobras de una carne con tal que esté *muy cocida* y que sea grasosa. Si se adquiere una carne ex profeso se la elegirá entreverada de gordo y se la hará cocer hasta que esté *recocida*.

Proporciones. — Un kilo de carne cocida (peso neto), es decir bien desprovista de piel y nervios; 250 gramos de mantequilla (ó 200 gramos de mantequilla y 50 gramos de gordo *cocido*); 2 decilitros y medio de salsa española adicionada de un poco de vino de Madera; sal, pimiena negra molida y, si gusta lo picante, pimienta de Cayena.

Procedimiento. — Confecciónense 2 decilitros y medio de salsa española (véase "Salsa española" en "La cocina completa", página 123), adicionándole un chorretón de vino de Madera, cuézase, espumándola bien hasta dejarla reducida a unas cuatro cucharadas.

Córtese la carne en trocitos, sazónese con sal y pimienta y macháquese al mortero hasta ponerla en pasta fina; si es necesario macháquese por porciones. Añádase la mantequilla y si se pone gordo macháquese éste antes por separado.

Cuando todo esté en papilla, es decir, bien machacado y bien mezclado, añádase la salsa española previamente enfriada y mézclese bien. Echese un pellizquito de especias molidas y una pizca de pimienta de Cayena. Rectifíquese la sal y pimienta. Pásese todo por un tamiz, recójase bien todo lo pasado, remuévase con una cuchara para ponerlo fino.

Envase y esterilización. — Ténganse preparados unos tarros de gres o o de porcelana, llénense con el puré de carne apisonándolo fuerte para que no queden resquicios. Si el puré se ha de consumir en días consecutivos bastará con taparlos como se acostumbra hacerlo para las mermeladas, es decir, que se cubrirán primero con un diseco de papel blanco adaptado a la abertura y, luego, con otro mayor de papel pergamino que se sujeta al tarro con unas vueltas de hilo. Se tendrán los tarros en un local fresco y seco.

Si se quiere conservarlo se hará como sigue: Los tarros, una vez llenos, se colocarán destapados en una gran cacerola o caldera, se echa agua fría hasta un centímetro del borde de los tarros. Cuando rompa el hervor, tápese el caldero y téngase en ebullición más o menos prolongada que se calculará así: para tarros de 250 gramos de cabida, de veinte a veinticinco minutos; para los de medio kilo, de treinta a treinta y cinco minutos, y los de tres cuartos de kilo, de treinta y ocho a cuarenta minutos.

Terminada la cocción déjense enfriar en el baño, y cuando éste esté frío retírense dejándolos reposar en un sitio seco por espacio de veinticuatro horas.

Hecho esto, cúbrase el puré con una buena capa de manteca de cerdo derretida y casi fría y, cuando ésta se haya endurecido, vuélvase a echar un poco más de manteca por si hubiese quedado un resquicio por donde pudiera penetrar aire —no aislando bien el puré del contacto del aire el puré se avinagra y fermenta—; luego que se haya endurecido, colóquese encima de la manteca un disco de papel cortado a la medida de la abertura del tarro y cúbrase con un papel mayor —de barba o pergamino— y sujetándolo al tarro con unas vueltas de hilobala. (Véase "Tarros y frascos para mermeladas y frutas de conserva y cierre de los mismos", página 112.)

Consérvese en un local fresco y *muy* seco, pues la humedad los deteriora.

Puré de jamón

(Potted Ham)

Proporciones. — 500 gramos de jamón cocido; 125 gramos de mantequilla (ó 100 gramos de mantequilla y 25 gramos de tocino de jamón o de gordo de buey *bien cocido*); dos cucharadas de salsa española *muy* concentrada, pimienta negra molida, especias en polvo y pimienta de Cayena.

Nota. — No se sazonará con sal hasta el final, por la que pudiera aportar el jamón.

Procedimiento. — Exactamente que la anterior, esta receta es a propósito para aprovechar el restante de un jamón cocido o los recortes del mismo.

Puré de lengua

(Potted - Tongue)

Proporciones. — 250 gramos de lengua cocida; 60 gramos de mantequilla; una cucharada bien llena de salsa española *muy* gorda; 2 gramos de pimienta negra molida; 1 gramo de especias molidas; sal, al gusto.

Procédase exactamente como en las anteriores.

Puré de ave

(Potted Chicken)

Exactamente como el puré de lengua.

Puré de cerdo

(Potted Lamb)

Exactamente como el puré de buey.

Terrinas *(Terrines)*

La terrina (vocablo francés adaptado por el uso al español) es el nombre que se da a un recipiente de gres de forma medio esférica y por extensión a los fiambres cocidos y conservados en él.

Hay gran variedad de terrinas de pollo, perdiz, pato, liebre, y la más vulgarizada de *foie gras,* por expenderla los ultramarinos. A propósito para viajes y comidas en el campo.

Terrina de hígado de ternera

Cantidades. — 800 gramos de hígado de ternera (peso neto), 150 gramos de tocino salado; 60 gramos de miga de pan; 150 gramos de lonjas de tocino cortadas muy delgadas; un vaso de vino blanco, una copita de coñac; dos yemas de huevo; una clara, una cebolla regular; un diente de ajo; dos ramas de perejil; sal, pimienta y un pellizco de las cuatro especias (véase "Las cuatro especias", página 65).

Procedimiento. — Píquese finamente el hígado, tocino, cebolla, ajo, perejil y miga de pan, pasándolo dos veces por la máquina de picar. Póngase el picadillo en un plato hondo, agréguese el vino blanco, coñac, huevos, sal, pimienta y especias. Mézclese bien.

Téngase preparada una terina, fórrese por dentro con lonjas delgadas de tocino, póngase en ella el picadillo, cubriéndolo todo con lonjas de tocino. Tápese con una tapadera y póngase a cocer al baño de María con agua fría; primero sobre la chapa, y cuando hierve el agua, en el horno con calor moderado por espacio de una hora. Destápese entonces y cerciórese de si está cocido (ha de ofrecer resistencia al tacto y brotar blanco; si sale rosado, hay que cocerlo más). Terminada la cocción se deja enfriar durante doce o catorce horas. Se echa manteca de cerdo derretida y casi fría hasta dejarlo bien cubierto y se tapa herméticamente.

Consérvese en un sitio fresco y *seco*.

Terrina de perdiz

Cantidades. — Dos perdices jóvenes; 125 gramos de carne magra de cerdo; 150 gramos de cadera de ternera de leche; 200 gramos de tocino gordo; 50 gramos de trufas (pueden suprimirse); 250 gramos de lonjas de tocino; 50 gramos de miga de pan; un huevo; una copita de jerez; una copita de coñac; 75 gramos de jamón cocido; 15 gramos de fécula de patata; leche, sal, pimienta y especias.

Procedimiento.—Las perdices limpias y bien flameadas, procédase a deshuesarlas y a dejarlas bien desprovistas de huesos, nervios y piel. Sepárense las pechugas, córtense en tiras o cuadraditos y pónganse en un plato. Póngase en el mismo plato el jamón y la *mitad* del tocino igualmente cortados en tiras o en dados, añádanse las trufas partidas en trozos, rociándolo todo con coñac; resérvese.

Póngase la miga de pan a remojar con la leche.

Trínchese muy fina la carne de ternera, el tocino, la carne magra de cerdo y el restante de las perdices; añádase el pan remojado en leche, pásese todo dos veces por la máquina de picar y a continuación macháquese en el mortero hasta ponerlo en papilla (se machaca por porciones). Méclese seguidamente el jerez, un huevo batido, la fécula y el coñaz del adobo; sazónese con sal, pimienta, nuez moscada y un pellizco de especias, mezclándolo todo perfectamente.

Se forra con las lonjas de tocino una terrina. Se rellena con el picadillo intercalando los trozos de pechuga de perdiz, tocino, jamón y trufas. Una vez llena la terrina se cubre con más lonjas de tocino, a las que se habrán hecho unas cuantas cortaditas; póngase encima del tocino un poco de laurel, tápese la terrina con su tapadera, que se soldará con un poco de pasta hecha con agua y harina para que quede herméticamente cerrada.

Se cuece en baño de María al horno por espacio de una hora y treinta minutos con calor regular (más bien caliente, sin arrebato). Para cerciorarse de si está cocido se destapa la terrina y se introduce hasta el fondo una aguja de mechar; acto seguido se apoya la punta de la aguja en el dorso de la mano: *debe quemar*. Si está ya, se retira del horno y se deja enfriar completamente (por espacio de doce a catorce horas).

Para conservarlo se cubre perfectamente con manteca derretida y casi fría, tapándolo herméticamente.

Consérvese en un sitio fresco y seco.

Terrina de ave

Cantidades. — Un pollo mediano; 500 gramos de lomo de cerdo; 250 gramos de picadillo de salchichas; 125 gramos de jamón curado; 125 gramos de tocino magro; 250 gramos de lonjas de tocino; una cucharada de perejil picado; un huevo; dos vasos de vino blanco; una copa de coñac, sal, pimienta y especias.

Procedimiento. — Córtese el lomo de cerdo, el tocino magro y el jamón en pedacitos cuadrados; a continuación pónganse en una vasija, agregando el picadillo de salchichas, el coñac, el vino blanco y el huevo batido, sazónese con sal, pimienta y especias, mézclese bien y déjese en reposo en un sitio fresco por espacio de tres a cuatro horas.

Vaciado y flameado el pollo, retírese bien toda la carne; las pechugas córtense en cuadraditos y el resto píquese y añádase todo al adobo.

Con el caparazón del pollo, los huesos, los recortes de tocino, adicionados de un litro de agua, una zanahoria, una cebolla partida en trozos, un puerro y un poco de sal, confecciónese un caldo o jugo. Cuézase a fuego lento durante dos o tres horas hasta dejarlo reducido a dos decilitros. Hecho esto, clarifíquese con una clara de huevo, pásese por un trapo y déjese cuajar para obtener una gelatina (si no se cuaja se le adiciona una o dos hojas de cola de pescado).

Se forra con lonjas de tocino una terrina, se rellena con el preparado, se alisa con la mano mojada y se cubre con lonjas de tocino a las que se habrán hecho unas cuantas cortaditas; póngase encima del tocino un poco de laurel, tápese la terrina con su tapadera, que se soldará con un poco de pasta hecha con agua y harina para que quede herméticamente cerrada. Se cuece en baño de María al horno por espacio de una hora y treinta minutos con calor regular (más bien caliente, pero sin arrebato). Para cerciorarse de si está cocido se destapa la terrina y se introduce hasta el fondo una aguja de mechar; la gota que surge ha de ser blanca; mientras sea rosada hay que cocerlo más. Si está ya, se vierte en la terrina gelatina hasta lenarla del todo y se vuelve a meter al horno hasta que arranca el hervor; se retira y se deja enfriar completamente por espacio de doce a catorce horas.

Para conservarlo se cubre perfectamente con manteca derretida y casi fría y se tapa herméticamente.

HUEVOS

Se recomiendan varios procedimientos para la buena conservación de los huevos, pero lo esencial es que estén muy frescos cuando se vayan a conservar.

Manera de conocer el grado de frescura de los huevos

El huevo fresco tiene el cascarón diáfano y sonrosado por transparencia. Al envejecer el huevo, su cascarón se vuelve opaco y poco a poco salpicado de manchas. Pero entre estos dos extremos hay margen; por tanto, para su comprobación se procederá como sigue:

Se tiene preparada una vasija honda llena de agua fría. En ella se sumergen los huevos uno por uno con cuidado para no cascarlos. Los huevos frescos quedan en el fondo; los que suben ya no lo son, y los que flotan, menos.

Conservación de los huevos

FÓRMULA PRIMERA

Se ponen 3 ó 4 kilogramos de cal viva en una artesa, la cual se diluye añadiéndole aproximadamente unos 100 litros de agua. Mientras se echa el agua, otra persona removerá la mezcolanza con un palo. Luego déjese aclarar.

Mientras tanto pónganse los huevos acostados en un barril, examinándolos detenidamente por si hubiera alguno cascado que habría que desechar.

Colocados todos, échese la parte clara del agua de cal: ésta ha de cubrir ampliamente los huevos. Consérvense éstos en la parte más obscura de la bodega, sin mover más el barril.

FÓRMULA SEGUNDA

En un barril se pone una buena capa de sal fina o de ceniza pasada por tamiz. En dicha capa se incrustan los huevos colocándolos derechos, la punta hacia arriba y sin que se toquen: se han de examinar detenidamente rechazando el que tuviera una grieta o cascadura. Luego se cubren con más sal o ceniza, volviendo a incrustar otra capa de huevos, que se cubren igualmente con sal o ceniza, y así sucesivamente hasta terminar, cuidando que la última capa de sal o ceniza sea espesa. Se guardan en un sitio seco.

Fórmula tercera

Pueden conservarse los huevos perfectamente durante cuatro o cinco meses, preparados como sigue:

Póngase en una tina una capa de manteca de cerdo, encima de ésta se colocan los huevos sin que se toquen uno a otro y examinándolos detenidamente, desechando el que tuviera la menor grieta o cascadura, se cubren con otra capa de manteca y así sucesivamente. La última capa será de manteca y bien espesa, alisándola para que quede apretada y no deje penetrar el aire. Llevando cuidadosamente a la práctica esta fórmula, no se altera el sabor de los huevos, pero... resulta cara.

La tina se ha de guardar en un sitio seco.

Fórmula cuarta

Póngase en una caja de madera una capa de arena fina (bien seca) o serrín, sobre ella se van colocando los huevos sin que se toquen, se vuelven a cubrir con otra gruesa capa de arena o serrín, y así sucesivamente, cuidando de que la última capa sea de arena o serrín y bien espesa. Guárdese en sitio fresco y seco.

Nota. — Este método no es tan seguro como el primero y el tercero.

Fórmula quinta

Examinados los huevos detenidamente —han de ser perfectamente frescos y enteros, sin cascaduras ni grietas—, cúbranse con una capa de vaselina, *uno por uno*. Déjense así por espacio de cuatro días y vuélvase a hacer la misma operación. Entonces se cubren perfecmente con una capa de salvado, se colocan encima de un tamiz o sobre bandejas de mimbre o encima de una estera, y se guardan en un local seco y fresco. A los tres meses se podrán tomar pasados por agua con toda seguridad.

QUINTA PARTE

CONSERVAS DE FRUTAS, MERMELADAS, ALMÍBARES, ETC.

CAPITULO VI

Conservas de frutas

Nota explicativa. — En las cocina particulares no conviene cocinar mucha cantidad de dulce de una vez, pues esto requiere numeroso personal, varios fogones y sus correspondientes calderos. Por tanto, aconsejamos no se pase cada vez de las 7 u 8 libras de fruta, cantidad bastante respetable, puesto que requiere un caldero de unos 12 litros de cabida.

En cuanto a las jaleas, serán tanto mejores cuanto en menor cantidad se hagan.

Los dulces de conserva han de cocerse en recipientes holgados para que no corran peligro de derramarse fuera al removerlos, ya que para que no se peguen al caldero hay que removerlas sin parar y también para facilitar la subida de la espuma a la superficie; las conservas de fruta han de espumarse esmeradamente para que no fermenten luego.

Recomendamos también que las frutas tengan todas igual grado de madurez; de lo contrario estarán unas cocidas, cuando otras en cambio no lo están aún, resultando, al final, las primeras demasiado cocidas. También es muy importante que las frutas estén sanas y en buen punto de madurez (como para comerlas crudas), pues los que se figuran que se puede hacer buena conserva con frutas averiadas están muy equivocados.

Los recipientes mejores para cocer las conservas de fruta son los de hierro esmaltado, pero con la condición de que el esmalte esté *entero;* también son a propósito las cazuelas de barro, cuidado de llenarlas de agua fría y de no utilizarlas hasta que haya hervido ésta (esta agua se tira); unos y otros no se han de utilizar para otros fines que no sea la elaboración de dulces, para que no les comuniquen mal sabor.

Igualmente da buenos resultados el aluminio, pues es muy limpio y se calienta bien.

Algunos libros de cocina recomiendan mucho el empleo del cobre *sin estañar* (el estaño enturbia el almíbar y altera el color de la fruta); pero mi opinión es contraria; primeramente, por el peligro que entraña: no se debe nunca dejar que las conservas de fruta se enfríen en utensilios de cobre, pues se hace cardenillo; y segundo, porque suele comunicar acidez a ciertas frutas, tal como guindas, fresas, frambuesas, grosellas, etc.

Por tanto, aconsejo que se adquiera un caldero de hierro esmaltado, un poco amplio y que no se utilice para otros fines, y otro tanto digo de las cucharas y espumadoras, pues lo advierto seriamente: una vez que se haya guisado con ellos, jamás, pese a la más esmerada limpieza, se hará desaparecer del todo la grasa o cebolla de que se hayan impregnado.

Advertencia importante. — Los dulces de fruta, mermeladas, jarabes y confituras se han de hacer en cantidades relativamente pequeñas y *su cocción ha de ser rápida,* a fin de que las frutas conserven bien todo su aroma y color propio.

Nueva advertencia. — Algunas conservas requieren que las frutas se tengan en maceración con su azúcar correspondiente durante un espacio de tiempo determinado (esto lo indicará la receta); otras, en cambio, han de someterse a un número determinado de ebulliciones, sucesivas o espaciadas (esto también lo indicará la receta).

Unas y otras, durante la maceración, o en los intervalos de las ebulliciones, se conservarán en barreños de loza ordinaria, *nunca* en cacerolas ni en recipientes de metal.

Advertimos, pues es *muy importante,* que el contenido de cada barreño se cueza entero, es decir, que el caldero o cazuela donde se vaya a cocer sea de una capacidad algo mayor al del barreño o cazuela. Esto para que al hervir no caiga fuera y, sobre todo, porque la fruta, una vez mezclada con su azúcar correspondiente, no se puede cocer por porciones, pues ésta y aquél no guardarían las proporciones debidas (en un recipiente caería más fruta y en otro más azúcar) y la conserva no saldría bien. Vuelvo a insistir sobre la importancia de esta advertencia.

Proporción del azúcar en los dulces de conserva (mermeladas, fruta en almíbar, etc.)

Advertimos que los dulces de fruta, para conservarse, han de marcar de 32 a 33 grados en el pesajarabes o tener el punto de "hebra fuerte" que es el correspondiente a dicha graduación; por tanto, mis lectores se atendrán *estrictamente* a las proporciones de mis recetas, pues poniendo más azúcar que el necesario, la fruta se desabora y corre peligro de cristalizarse luego, y si se pone menos, no se adelantará nada, ya que habrá que hervirlo hasta que, por evaporación, se concentre hasta el punto debido.

Para ciertas frutas, tales como el albaricoque, la cosa no tiene tanta importancia, puesto que necesita su tiempo para cocerse; en cambio, las fresas, frambuesas, grosellas, etc., pierden aroma y color si se prolonga su cocción. Si a un litro de jugo se le ponen tres libras de azúcar, estará a punto al cabo de cinco o seis minutos de ebullición, necesitando más tiempo para estarlo si se le ponen sólo dos, y como para alcanzar el punto debido ha de evaporarse el líquido sobrante, al final sólo se habrá conseguido más costo de combustible y menos cantidad de conserva. En resumen, como la mermelada o jarabe siempre ha de tener al fin la debida proporción de fruta y azúcar, sea por haberle puesto desde un principio la necesaria, sea por evaporación, será un absurdo regatearla, creyendo hacer una economía.

Nota. — Mis "proporciones" están establecidas en el supuesto de que la fruta esté madura (sin exceso) y muy sana; si estuviera en malas condiciones o excesivamente ácida, no respondo del éxito.

Punto de cocimiento o graduación de las mermeladas, frutas en almíbar, etc.

Las frutas, para su buena conservación, han de alcanzar al cocer cierta graduación o punto determinado. De que tengan o no este punto exacto de cocción, dependerá luego su conservación; siendo inferior, no se conservan, fermentan; y siendo superior, la fruta pierde aroma y el azúcar al cabo de algún tiempo se cristaliza estropeando el dulce.

Por tanto, siendo para la buena conservación de la fruta uno de los factores más importantes el que tengan los grados o punto debido, voy a dar a continuación las explicaciones necesarias de cómo se han de comprobar.

Muchos autores gastronómicos indican, sin más, que se utilice para el objeto un pesajarabes; yo no lo recomiendo, pues su manipulación es complicada y engorrosa y hay otros procedimientos más al alcance de todos: los "caseros".

Mucho más práctico y rápido resulta hacer dicha comprobación con los dedos, cosa que se aprende al momento y para lo cual daré algunas explicaciones.

Las mermeladas, frutas en almíbar, etc., han de marcar de 32 a 33 grados en el pesajarabes o haber alcanzado el punto de "hebra fuerte", que es el punto equivalente a dicha graduación. Supondremos que la conserva de fruta ha hervido durante unos minutos (más o menos, según el género); es necesario, por tanto, comprobar en qué punto de cocción se halla. Cogeremos un poco de mermelada o jarabe con los dedos pulgar e índice, acto seguido los separaremos: si la conserva está en el punto debido, entre dedo y dedo se formarán unos hilillos o hebras pegajosas que ofrecerán cierta resistencia; si los hilillos fueran pocos y se rompieran en el acto, habría que hervir más la conserva, haciendo las pruebas necesarias hasta conseguir el punto exacto.

También se comprueba el punto (pero esto sólo para las mermeladas y jaleas) echando una cucharada en un plato y mejor aún sobre un papel de estraza. Si no se ensancha y en cambio se arruga la superficie, es señal que está en buen punto.

Igualmente se conoce que una mermelada o un jarabe está en el punto debido comprobándolo con una espumadera. Para esto se mete la espumadera en el dulce o jarabe cae de prisa, pero a medida que avanza la cocción y se hace la misma operación, el dulce va cayendo más pausado, hasta que al final, el dulce se aglomera en el borde de la espumadera, desprendiéndose en gruesas gotas, que van cayendo cada vez más espaciadas. A este punto le denominan "espejuelo" y es el punto *exacto* que no se debe pasar para las mermeladas, frutas en almíbar y jaleas.

Además de estas teorías, en esto como en todo, es necesario adquirir la experiencia que sólo se adquiere con la práctica.

Tarros y frascos para mermeladas y frutas en conserva y cierre de los mismos

Los mejores frascos para la conservación de las frutas son los tarros de loza ordinaria o los de cristal de embocadura ancha.

Para que la conservación sea perfecta es necesario

que una vez puesto el dulce o la confitura en el frasco éste no contenga aire ninguno. Para esto, cuando se trate de fruta en almíbar éste ha de cubrir perfectamente la fruta a fin de aislarla del aire y si lo preparado fuera mermelada, ponerla apretadita a fin de que no quede un resquicio por donde pueda penetrar el aire.

La mermelada o confitura no se pondrá en los frascos hasta que no esté tibia, a fin de que no estallen los frascos.

Igualmente aconsejamos como medida preventiva y la más segura que no se tapen y cierren los tarros y frascos hasta tres o cuatro días después que se hayan llenado; dejándolos descubiertos y en sitio aireado, se forma en la superficie una cortecita que los preserva de la fermentación.

Si a las veinticuatro horas de haberlos llenado se observa que la mermelada está demasiado líquida (ha de estar casi cuajada), hágasela hervir unos minutos más y espérese los días correspondientes para tapar los frascos.

Se taparán los frascos o tarros colocando en cada uno un redondel de papel blanco cortado a la medida de la boca del tarro o frasco que se vaya a utilizar. Este redondel, previamente mojado en alcohol de 90°, o bien untado con glicerina rectificada, se introducirá en el tarro y se colocará directamente sobre la mermelada. Luego, se cubre la abertura con un segundo redondel mayor de papel doble y mejor aún de pergamino y se ata fuertemente al tarro o frasco con bramante. Para que ajuste más se tendrá el bramante muy mojado, pues al secarse encoge y si se utiliza papel pergamino, también debe mojarse para que se ciña bien al tarro; tomando estas precauciones no será necesario cocer las conservas de fruta al baño de María.

Cierre de las frutas en almíbar

En los frascos que contengan dulces de almíbar no se pondrá más que un papel o pergamino, el que tapa la abertura, pues siendo líquido el redondel no se podrá pegar a la confitura. Lo que precisa es que la fruta esté bien recubierta de almíbar, luego se cubrirá la boca del tarro con un papel que se sujetará con un bramante como lo hemos explicado antes. Para las frutas en almíbar se podrán utilizar como cierres tapones de corcho y tapas de metal.

MERMELADAS Y CONFITURAS

Observación sobre la manera de cocer las mermeladas y confituras

Al principio se avivará el fuego a fin de que el jugo se evapore rápidamente; luego, a medida que vaya espesando, se moderará hasta terminar suavemente.

Mermelada de albaricoques

(FÓRMULA PRIMERA)

Proporciones. — 1 kilogramo de albaricoques deshuesados y 750 gramos de azúcar molido.

Procedimiento. — Se escogerán albaricoques bien sanos y maduros, de color amarillo claro y que puedan fácilmente desprenderse del hueso. La condición principal para que salgan bien es que tengan la necesaria madurez —fíjense que digo *maduros*—, lo que no quiere decir pasados o averiados; se parten por la mitad, se quitan los huesos y se reservan para utilizarlos luego, y se examinan uno por uno, para dejarlos bien limpios de puntos negros, durezas, etc. Para estos menesteres se utilizará un cuchillo de asta; de lo contrario, el color de la fruta se mancha.

Se pesa la fruta previamente deshuesada y se pesa acto seguido el azúcar que corresponde a la cantidad de fruta que se ha pesado en la proporción de *tres cuartos de kilogramo de azúcar por kilogramo de fruta*.

Todo dispuesto, se irá colocando en un gran barreño de loza ordinaria la fruta y el azúcar, por capas alternadas, cuidando de colocar encima una muy espesa de azúcar (colocando el azúcar encima al derretirse va filtrando y endulzando lo de abajo). Puesto todo, consérvese en un sitio fresco y sin moverlo por espacio de veinticuatro horas.

Terminadas las veinticuatro horas de maceración, póngase el contenido del barreño en un caldero o cacerola proporcionada a la cantidad (se ha de cocer de una vez), avívese el fuego para que la cocción sea rápida y, mientras el dulce esté sometido a la acción del fuego, se ha de mover sin parar con una espumadera, raspando bien el fondo para que no se agarre, y se ha de espumar esmeradamente, pues un dulce no espumado es poco gustoso y corre peligro de fermentarse.

Mientas cuece el dulce cásquense los huesos, sáquense las almendras, escáldense para pelarlas fácilmente y una vez que el dulce se ha espumado bien, añádanse. (Las almendras comunican su sabor al dulce; no gustando, pueden echarse menos y hasta suprimirlas.)

Al cabo de diez o quince minutos de hervor, mírese si la mermelada está en buen punto. Para comprobarlo échese un poco en un plato, cójase con los dedos índice y pulgar y si al separarlos se forman unas hebras resistentes, es señal que el dulce está ya; si no lo estuviera, vuélvase a cocerlo más hasta conseguir el punto debido.

Retírese entonces el caldero del fuego, espérese un rato para que los frascos no corran peligro de romperse y llénense. Después de unos días de reposo, tápense como lo tengo explicado.

Mermelada de albaricoques. Fórmula segunda.

Cantidad. — 1 kilogramo 500 gramos de albaricoques, 1 kilogramo 250 gramos de azúcar cortadillo.

Procedimiento. — Escójanse unos albaricoques bien sanos y maduros y de bonito color y pónganse en agua fría al fuego, enteros; cuando el agua está a punto de hervir y la fruta va subiendo a la superficie, se van sacando los albaricoques y extendiéndolos sobre un mantel para que apuren el agua, y después de fríos se van pelando con mucha facilidad, quitando el hueso y deshaciendo la carne con un tenedor en una fuente.

Se pone en un cazo al fuego el cortadillo con un litro de agua y se deja que dé un par de hervores y se espuma bien.

En un caldero se echa la pulpa de albaricoque, se agrega el almíbar y se pone al fuego, revolviéndolo y espumándolo hasta que la pasta tenga buena consistencia; a medio hacer se echan unas cuantas almendras de los mismos huesos de los albaricoques, peladas antes en agua caliente. Esta conserva es más fina y delicada que la anterior. Se tapa y conserva como lo tengo explicado.

Mermelada de ciruelas claudias

Proporciones. — 1 kilogramo de ciruelas (deshuesadas) y 750 gramos de azúcar molido.

Procedimiento. — Escójanse ciruelas muy sanas y maduras, córtense por la mitad, deshuésence y pésense. Pésese también el azúcar necesario.

Colóquense en un barreño, alternando las ciruelas y el azúcar, terminando con una buena capa de azúcar, y déjese macerar por espacio de diez horas.

Póngase a cocer en un caldero, moviéndolo sin parar con la espumadera, pues a fuerza de brazo es preciso deshacer completamente las ciruelas y, sobre todo, hay que removerlo para que no se queme y para que suba la espuma a la superficie, pues ha de espumarse esmeradamente para que no fermente. Esta mermelada se ha de cocer por espacio de unos cincuenta minutos a fuego moderado, siendo preferible que cueza más que menos.

Conócese que está en punto cuando se pega mucho a los dedos, formando al separar éstos unas hebras resistentes.

Retírese entonces el caldero del fuego, espérese un rato y llénense los frascos cuando no haya peligro de que estallen. Después de unos días de reposo, tápense como lo tengo explicado.

Dulce de ciruela rallada

Proporciones. — Un litro de pulpa de ciruela y 750 gramos de azúcar molido.

Procedimiento. — Escójanse ciruelas maduras, pélense, deshuésense, pásense por el pasapurés hasta reducirlas a puré fino.

Mídase lo pasado, añádase el azúcar correspondiente y póngase a cocerlo en un caldero u otro recipiente adecuado. Muévase el dulce sin parar para que no se agarre y espúmesele perfectamente. Necesitará aproximadamente cincuenta minutos para cocerse; cerciórese de ello cogiendo un poco con los dedos. Para estar en buen punto ha de pegarse a los dedos, formando, al separar éstos, hebras resistentes.

Llénense y tápense los frascos como en los anteriores.

Mermelada de melocotón

Proporciones. — 1 kilogramo de melocotones y 500 gramos de azúcar molido.

Procedimiento. — Se escogen melocotones abrideros y bien maduros, se pelan y se deshuesan; luego se extienden en el caldero por capas de fruta y de azúcar; se cuecen *en seguida;* se pone la cacerola al fuego vivo al principio, y a medida que el dulce empieza a hacerse, se va moderando el fuego. Se revuelve sin parar para que el dulce no se pegue al caldero; cuando los melocotones han desprendido el jugo y se llena la caldera de él, puede dejarse hervir un rato sin revolverlo, pero no por mucho tiempo, pues siempre hay peligro de que se queme y, sobre todo, porque a fuerza de brazo es preciso deshacer completamente los melocotones hasta que quede una masa unida; se conoce que está cuando, sacando un poco a un plato, se pega a los dedos y al separar éstos se forman unos hilillos o hebras. Sáquese el caldero del fuego, llénense los frascos cuando no corran ya peligro de romperse y después de unos días de reposo tápense como lo tengo explicado.

Mermelada de cerezas

Proporciones. — Un kilogramo de cerezas (peso neto) y un kilogramo de azúcar molido.

Procedimiento. — Escójanse cerezas muy sanas y bien maduras, quíteseles el rabo y el hueso (para no desgarrarlas sáquense los huesos con una pluma), pésense y pásese la misma cantidad de azúcar.

Téngase preparado un barreño o una cazuela de barro (que no se haya usado en cosa de comida), colóquense en él, por capas alternadas, las cerezas y el azúcar, empezando y terminando con azúcar; póngase encima la más espesa y déjese en maceración durante veinticuatro horas sin moverlo.

Transcurrido este tiempo échese en un caldero y cuézase al fuego vivo durante treinta o cuarenta minutos, sin dejar de revolverlo con una espumadera para evitar que se pegue al fondo del caldero. El dulce estará cuando se pegue a los dedos y al separarlos se formen hilillos (o sea en punto de "hebra fuerte")

Se deja enfriar un poco y luego se llenan los frascos y se tapan como lo tengo explicado.

Mermelada de grosellas

Cantidades. — Un kilogramo de grosellas (sin las simientes) y 750 gramos de azúcar molido.

Procedimiento. — Con la punta de un alfiler o de una pluma sáquense las simientes de las grosellas.

En un barreño colóquense por capas alternadas las grosellas y el azúcar, cuidando de que la última capa sea de azúcar, y déjese así por espacio de veinticuatro horas, y para todo lo demás sígase la receta del "Dulce de albaricoques".

Mermelada de higos

Proporciones. — Un kilogramo de higos (peso neto) y 750 gramos de azúcar molido.

Procedimiento. — Escójanse higos muy maduros, pero cuidando no estén abiertos; quítense los rabos, cortando bien la parte adherida al higo, que siempre está dura; pélense con un cuchillo fino y córtense en cuatro pedazos. Pésense los higos, pésese el azúcar correspondiente y póngase todo en un barreño (1), sacudiendo éste hasta mezclarlo bien, y déjese en reposo unas diez horas.

Terminado este tiempo, échese todo en un caldero y hágase cocer, cuidando de mover el dulce sin parar con una cuchara de madera (que no se haya utilizado para guisos) y raspando bien el fondo para que no se pegue al caldero, y cuídese igualmente de espumarlo esmeradamente con una espumadera.

---

(1) Aun cuando siempre ponemos "barreño" por ser lo más a propósito, se podrá utilizar cualquiera otra vasija, con tal que sea de loza o de barro.

Hágase cocer por espacio de unos treinta minutos, mírese entonces si está en punto, si no, hágase cocer unos minutos más. (Conócese que está en punto cuando se pega a los dedos y al separar éstos se forman hilillos o hebras resistentes.)

Retírese el caldero del fuego, déjese enfriar un poco, llénense los frascos y tápense como lo tengo explicado.

Mermelada de naranjas

(FÓRMULA PRIMERA)

Proporciones. — Igual peso de azúcar y naranjas (pesadas éstas después de tenerlas en remojo) y por cada kilogramo de azúcar seis decilitros de agua.

Tiempo necesario, cuarenta y ocho horas de remojo y cincuenta o sesenta minutos de cocción en el almíbar.

Procedimiento. — Escójanse naranjas de corteza gruesa y rugosa; es imprescindible, pues las de pellejo delgado endurecen.

Téngase un caldero de agua hirviendo (las naranjas han de bañar holgadamente, necesitando, cuando menos, medio litro de agua por naranja); échense las naranjas, tápense y háganse hervir a fuego vivo por espacio de diez a quince minutos, conociendo que están en punto cuando pinchándolas con la *cabeza* de un alfiler dicha cabeza penetra fácilmente en la corteza. Retírense entonces del caldero dejando que hiervan más las que no estén aún blandas. A continuación échense en un barreño, cúbranse con agua *fría* y déjense en remojo dos días, cambiándoles el agua cada día. Escúrranse perfectamente y pésense para ponerles el mismo peso de azúcar.

Córtense las naranjas en cuatro trozos; con unas

tijeras córtese la parte blanca del centro, retírense también las pepitas (hágase esto encima de un plato para no perder el jugo que pueda caer), y con un cuchillo *muy* afilado córtense los trozos de naranja en tiritas muy delgadas, confeccionando entonces el almíbar.

Para esto póngase el azúcar y el agua en un caldero, muévase hasta derretirlo y hágase cocer a fuego vivo, conociendo que está en punto cuando "napa" (1) la espumadera (cuando sumergiendo la espumadera en el almíbar y acto seguido levantándola en alto, el almíbar despréndese de la espumadera en gotas espaciadas).

Agréguese al almíbar el preparado de naranja, mézclese bien, hágase hervir. Una vez establecido el hervor sepárese un poco el caldero para que hierva más despacio, necesitando este dulce para estar en punto aproximadamente una hora de cocción; conócese que está en punto cuando las tiritas de corteza transparentan (también haciendo la prueba de echar un poco en un plato: el dulce no ha de correrse).

Retírese de la lumbre y después de un rato procédase a llenar los frascos, y al cabo de dos o tres días tápense como lo tengo explicado.

Mermelada de naranjas (receta inglesa)

(Fórmula segunda)

Cantidades. — Seis naranjas, dos limones, dos kilogramos de azúcar y tres litros de agua.

---

(1) Véase "Punto de cocimiento o graduación de las mermeladas, frutas en almíbar", página 132.

Procedimiento. — Pártanse las naranjas y los limones por la mitad, exprímase el jugo, resérvese. Pónganse las pepitas en una taza, cubriéndolas con agua fría, y resérvense. Las naranjas y limones exprimidos córtense en tiritas y pónganse en una vasija, añádase el jugo extraído primeramente y agréguese un litro de agua, dejándolo macerar durante veinticuatro horas; pasado este tiempo, adiciónesele el agua de las pepitas; éstas se envuelven en un pañito fino y se ponen también. Póngase el caldero al fuego vivo y hágase hervir por espacio de una hora o sea hasta que la fruta quede blanda.

Retírese del fuego, échese en un barreño de loza ordinaria y déjese reposar durante unas veinticuatro horas; pasado este tiempo, vuélvase a poner la naranja en el caldero, agregándole dos litros y medio de agua, y póngase al fuego vivo. Cuando arranca el hervor se le incorpora el azúcar y se cuece hasta que al hacer la prueba en un plato, el dulce vertido no se corre formando jalea.

Una vez entibiado, llénense los frascos, tapándolos al cabo de dos o tres días como lo tengo explicado.

Mermelada de naranjas amargas (receta inglesa)

Procedimiento. — Móndense perfectamente las naranjas, resérvense las cortezas. Pónganse las naranjas mondadas en un caldero, añádase agua fría hasta dejarlas bien cubiertas y pónganse a cocer por espacio de cuarenta y cinco minutos, contando desde que arranca el hervor. A continuación se escurren y se pasan por un tamiz o por el pasapurés.

Las cortezas, retirada la parte blanca de dentro, se

ponen en otro caldero con abundante agua *fría* y se cuecen hasta que estén bien tiernas, aproximadamente durante dos horas; seguidamente se escurren y se ponen en remojo con mucha agua fría durante otras dos horas, cambiándole el agua tres o cuatro veces. Terminado el remojo se escurren y se pesan. Se pesa igual cantidad de azúcar y con este azúcar y el agua necesaria se hace un almíbar a 25 grados (un poco pegajoso, pero sin que se forme hebra al coger un poco con los dedos). Se añaden al almíbar las cortezas cortadas a rajitas, dejándolas cocer durante treinta minutos.

Se pesa la pulpa de naranja (lo pasado por el tamiz) y se pesa igual cantidad de azúcar; con este azúcar y el agua necesaria se hace un almíbar, espumándolo bien, y cuando el almíbar se desprende despacio de la espumadera se le agrega la pulpa de naranja y se deja cocer hasta que el almíbar se desprenda en gotas espaciadas de la espumadera puesta de canto. Ya en este punto, se le añade la confitura de cortezas y se hierve el conjunto por espacio de unos minutos.

A continuación se retira del fuego, se deja enfriar durante cinco minutos, removiéndolo con una espátula. Se llenan los frascos, dejándolos destapados durante tres días, luego se tapan según lo tengo explicado.

Mermelada de moras

Cantidades. — Un kilogramo de moras, un kilogramo de azúcar y medio litro de agua.

Procedimiento. — Póngase en un calderillo un kilogramo de moras y medio litro de agua, póngase al fuego y cuézase tapado hasta que las moras estén bien blandas, luego pásense por un tamiz y lo pasado vuélvase a ponerlo en el mismo calderillo bien lavado. Agréguese el azúcar, arrímese al fuego vivo, removiéndolo con una cuchara de madera. Espúmese bien y déjese cocer hasta obtener una mermelada espesa. Se conoce cuando está en su punto echando una cucharada de dicha mermelada en un plato si al enfriarse queda cuajada. Déjese enfriar un poco, llénense los frascos; después de dos o tres días tápense como lo tengo explicado.

Mermelada de peras y albaricoques

A propósito para rellenar bizcochos y tartas.

Cantidades. — Un kilogramo de peras (peso neto), un kilogramo de albaricoques (peso neto) y dos kilogramos de azúcar.

Procedimiento. — Mondadas ambas frutas, se cortan en trocitos, separando de una el hueso y de la otra el corazón (empléese un cuchillo con la hoja de plata para no manchar la fruta), se pesa la pulpa, se pasa la misma cantidad de azúcar que de pulpa y bien mezclado todo en un barreño de loza ordinaria se deja en maceración durante seis horas. Transcurrido este tiempo se echa todo en un caldero y se pone a cocer al fuego vivo, que se va moderando según va espesando la mermelada. Se la espuma esmeradamente, pues no estando bien espumada corre el riesgo de fermentarse, y para que no se pegue al caldero se la removerá sin parar con una cuchara de madera, frotando bien el fondo. Cuando haya espesado bastante, échese una cucharada de mermelada en un plato, que h de quedar cuajada al enfriarse; si no, hágasela hervir por espacio de unos minutos más, volviendo a hacer la prueba hasta conseguir el punto debido.

Obtenido éste, retírese el caldero del fuego y después de unos minutos llénense los frascos. Tápense como lo tengo explicado.

Mermelada de peras y melocotones

Exactamente como la anterior.

Mermelada de agavanzos (rosal silvestre)

Proporción. — Igual peso de azúcar molido que de puré de agavanzos. Vino blanco para macerarlo.

Procedimiento. — Se escogen agavanzos que estén bien maduros y de un color encarnado vivo. Se les quitan los tallos y la cubierta negra y se parten por la mitad en el sentido de la largura. No vale la pena de entretenerse en quitarles las simientes. Se colocan en un barreño hondo, cubriéndolos con vino blanco, y se dejan en maceración durante una semana en sitio fresco, mejor en la bodega, cuidando de removerlos todos los días con una cuchara de madera reservada al objeto.

Pasado este tiempo, se pone todo en un caldero y se cuece a fuego suave (aproximadamente durante una hora). Si el puré resultara demasiado gordo habría que adelgazarlo añadiéndole un poco más de vino blanco. Remuévase sin parar, raspando bien el fondo para que no se agarre. Los agavanzos estarán cocidos cuando se aplasten fácilmente. Conseguido esto, pásense por un tamiz, apretando con la seta de madera, obteniendo un puré parecido al tomate (en color y consistencia). Una vez pasado, este puré puede aguardar hasta el día siguiente si así conviniera.

Se pesa el puré y se le añade igual peso de azúcar, y se pone a cocer, espumándolo bien y removiéndolo con la cuchara. Se deja que hierva fuerte durante unos minutos y se retira del fuego. Llénense los frascos y tápense como lo tengo explicado.

Mermelada de tomate

Cantidad. — Dos kilogramos de tomates (peso neto), dos kilogramos de azúcar y un limón.

Procedimiento. — Elíjanse los tomates bien maduros, de piel lisa, con mucha pulpa y de clase que no sea ácida, sumérjanse en agua hirviendo, retírense en seguida, pélense, exprímanse quitándoles la semilla, trínchense muy finos, pésense; pésese igual cantidad de azúcar y póngase todo en un caldero, agregando el zumo del limón y un poco de corteza rallada del mismo. Cuézase a fuego vivo primero y según va espesando más moderado, revolviéndolo sin parar con una espumadera y espumándolo esmeradamente. Aproximadamente necesitará de veinticinco a treinta y cinco minutos de hervor. Hágase la prueba echando una cucharada de mermelada en un plato, que al enfriarse ha de quedar cuajada; si no, hiérvase unos minutos más.

Retírese del fuego, déjese enfriar un poco, llénense los frascos y después de un par de días tápense como lo tengo explicado.

Mermelada de zanahorias

Esta mermelada resulta muy económica y tiene sabor a naranja.

Cantidades.—Un kilogramo (peso neto) de zanahorias, un kilogramo de azúcar, cuatro limones y cuatro vasos de agua.

Procedimiento. — Escójanse unas hermosas zanahorias bien carnosas y de color vivo; no conviene sean tempranas, pues carecen de sabor. Se raspan bien y se cortan en trocitos; si son viejas se coge la parte tierna, desechando todo lo duro. A continuación se pesan hasta obtener un kilogramo y se ponen a cocer con dos vasos de agua, hasta que esté bien tierno; entonces se pasa por el chino o por el pasapurés y se reserva.

Con un cuchillo fino se corta la corteza de cuatro limones, con cuidado de cortar solamente la superficie amarilla; todas estas cortezas se cortan a continuación en tiritas muy delgadas, dejándolas a un centímetro de largo, poco más o menos.

Póngase en un caldero limpio el azúcar con dos vasos de agua *fría*. Cuando se haya derretido, añádanse las cortecitas y el zumo de tres limones, póngase a cocer hasta que el almíbar tenga el punto de "espejuelo" (cuando se desprende de la espumadera puesta de canto a gotas gordas y espaciadas). Obtenido este punto, añádase el puré de zanahorias y el zumo del cuarto limón. Déjese hervir durante unos minutos, retírese del fuego y, cuando se haya templado, póngase en los frascos. Estos se taparán como lo tengo explicado.

ARROPE

El arrope se hace siempre a base de mosto o zumo de uva (blanca o negra). Luego se combina con frutas partidas a pedacitos.

Fórmula primera

Cantidades. — Dos litros de zumo de uva negra, un kilogramo de azúcar, dos kilogramos de melocotones, dos kilogramos de peras, seis rajas de melón verde y seis rajas de sandía.

Procedimiento. — Para obtener el zumo de uva se pasa ésta por un tamiz, luego se filtra el líquido pasándolo por un paño mojado en agua y bien retorcido, se mide hasta conseguir los dos litros necesarios, y puesto en un caldero se hierve hasta dejarlo reducido, por evaporación, a la mitad; entonces se le añade el azúcar y se hierve durante unos cinco minutos, espumándolo con esmero.

Las frutas se tendrán preparadas como sigue: La sandía y el melón, partidos ambos a trocitos bien desprovistos de corteza, se ponen a cocer con agua hasta que estén blandos. Se pasan por agua fría y se escurren. Las peras mondadas se parten en trozos, se les quita el corazón y se ponen igualmente a cocer con agua. Cuando estén blandas, se escurren. Los melocotones no se cuecen antes; sencillamente se pelan y se cortan en pedazos.

Hecho el almíbar y preparadas las frutas como he explicado, se pone todo junto en el caldero y se hierve por espacio de cuarenta minutos a fuego lento.

Luego se deja enfriar un poco llenando y tapando los tarros como lo tengo explicado.

Fórmula segunda

Cantidades. — Diez litros de zumo de uva y dos kilogramos (peso neto) de manzanas reineta.

Procedimiento. — Obtenidos los diez litros de zumo de uva (ésta ha de ser *muy* dulce), hiérvase hasta dejarlo reducido, por evaporación, hasta la mitad de su volumen, o sea a cinco litros. Añádanse entonces las manzanas reinetas peladas y cortadas a rajas delgadas.

Cuézase por espacio de dos o tres horas y termínese como la anterior.

Frutas en almíbar (confituras)

Nota explicativa. — Las frutas en almíbar se conservan enteras cuando son pequeñas: albaricoques, fresas, guindas; y en trozos si son muy voluminosas: melocotones, calabazas, peras.

Su confección es más complicada que la de las mermeladas, pues la densidad del jarabe se hace progresar poco a poco sometiéndolo a un número determinado de ebulliciones o añadiéndole azúcar, y dando con dicho jarabe un baño a la fruta (o varios baños). Esta operación durará de tres a ocho días, según el género de la fruta.

El almíbar o jarabe se ha de graduar varias veces hasta conseguir la graduación necesaria. Para este fin se utiliza un pesajarabes que marca exactamente el grado obtenido en cada ebullición. También se hace dicha comprobación haciendo ciertas manipulaciones con los dedos, pero para esto es necesario adquirir un poco de experiencia con la práctica. Más adelante explicaré el empleo del pesajarabes y la manera de conocer con los dedos los "puntos" del almíbar correspondientes a los grados del pesajarabes.

Almíbar o jarabe

Nota. — Aconsejamos que para los almíbares se dé la preferencia al azúcar de pilón despedazado en casa y, si no, al azúcar cortadillo, pues éstos no necesitan clarificarse luego, cosa casi siempre necesaria si se hace uso de azúcar molido corriente.

Confección del almíbar

Proporción de azúcar y agua. Por cada kilogramo de azúcar, dos decilitros de agua, o sea un vaso de los de agua.

Procedimiento. — Póngase en una cacerola o cazo de aluminio o de cobre *sin estañar* el azúcar con su agua correspondiente. El agua ha de ser *fría*. Déjese derretir apartado de la lumbre y cuando se haya derretido el azúcar hágase cocer a fuego vivo, convirtiéndose a los pocos hervores en almíbar.

Nota. — Mientras cuece se limpiarán esmeradamente las paredes de la cacerola con un trapo mojado con agua, pues el almíbar, al hervir, salta y va cristalizándose en las paredes y si no se limpian, dichos cristalitos van cayendo en el almíbar, estropeándolo.

No creo tengamos que advertir que la cacerola ha

de estar esmeradamente limpia, pues el almíbar lo absorbe todo. Asimismo se espumará perfectamente el jarabe.

El pesajarabes. — Cómo se ha de utilizar: Téngase un frasco de cristal *estrecho* y *alto,* pues el pesajarabes, para poder subir solo, ha de flotar libremente en el almíbar.

En dicho frasco se vierte almíbar hiviendo (para que el frasco no estalle se calentará antes), se introduce en él el pesajarabes, y según la fuerza del almíbar el pesajarabes subirá más o menos y el número o raya que quede al nivel del almíbar marcará el grado que haya alcanzado el almíbar.

Ejemplo. — ¿Necesítase que el almíbar tenga 36 grados? Pues mientras no quede el almíbar al nivel de la raya 36, habrá que hacerlo hervir.

Primera nota. — El almíbar que ha servido para graduar vuélvase a echarlo a la cacerola.

Segunda nota. — Como el almíbar a cada hervor adquiere más grados, mientras se gradúe sepárese la cacerola del fuego para que no continúe cociéndose.

Tercera nota. — El almíbar, a medida que va enfriándose, adquiere mayor graduación en la proporción siguiente: marcando en caliente 22 grados, marcará tibio 23, y una vez frío, 27 grados.

Puntos del almíbar. — Método para comprobarlos: Por juzgarlo más exacto, nosotros lo preferimos más rápido y menos complicado que el pesajarabes; para dominarlo precisa tan sólo fijarse un poco y practicarlo.

El almíbar, a medida que va hirviendo, va adquiriendo los puntos llamados "siruposo", "hebra fina", "hebra fuerte", "perla", correspondientes a los grados 28, 30, 33, 36, etc., del pesajarabes.

Primer punto.—"Siruposo" o "jarabe" o almíbar corriente; graduándolo en el pesajarabes marcará desde 18 hasta 29 grados. Este almíbar se espesará según vaya hirviendo, pegándose cada vez más a los dedos, según vaya adquiriendo grados o fuerza.

Segundo punto. — "Hebra fina" (29 a 30 grados en el pesajarabes). Para conocer este punto se meten los dedos índice y pulgar en agua fría e inmediatamente en el almíbar, volviéndolos a sacar en el acto (la cosa ha de ser instantánea). Apriétense los dedos y en seguida sepárense; si al abrirlos se forma un hilillo o hebra que se rompe en seguida, es señal de que el almíbar ha obtenido el punto llamado "hebra fina" o floja.

Tercer punto. — "Hebra gruesa" o fuerte (32 a 33 grados en el pesajarabes). Después de unos hervores se repite la operación anterior; esta vez las hebras o hilillos serán varios y ofrecerán mayor resistencia.

Cuarto punto. — "Perla" (36 grados en el pesajarabes). El almíbar hierve a borbotones formando unas burbujas o perlas redondas y al hacer la prueba anterior ofrecerán más resistencia las hebras, pegándose mucho a los dedos.

No mencionamos los puntos restantes, pues no se aplican a las conservan de fruta.

Nota. — Si se teme el quemarse los dedos metiéndolos en el almíbar caliente (cosa que no sucede con algo de práctica), se podrá hacer la prueba cogiendo una gota de almíbar con la punta de una cuchara, manipulándola luego como lo hemos explicado.

Manera de clarificar el almíbar

Nota. — No empleando azúcar de pilón o azúcar cortadillo, será necesario clarificar los almíbares.

Proporciones. — Un kilogramo de azúcar, cuatro vasos de agua y una clara de huevo.

Procedimiento. — Hágase derretir el azúcar con *tres* vasos de agua fría, arrímese la cacerola al fuego y cuando empieza a hervir añádase el cuarto vaso de agua mezclada con la clara batida.

Hágase hervir tres veces, espumándolo esmeradamente y añadiéndole cada vez que sube el almíbar unas gotas de agua.

Al tercer hervor, la espuma ha de quedar blanca; déjese cocer entonces hasta obtener una graduación de 32 grados o el punto de "espejuelo". Cuando esté así se retira y se pasa por una servilleta o por una muselina fina, mojándola antes con abundante agua fría y bien escurrida.

Luego puede ser utilizado en seguida o bien guardarlo, siendo este mismo jarabe susceptible de tomar más grados o puntos, haciéndolo hervir más.

Observación sobre las frutas conservadas en almíbar (enteras o en trozos)

Estas frutas generalmente se conservan en grandes cantidades para confitarlas, escarcharlas o acaramelarlas luego. En su época se conservan en almíbar y según se vayan necesitando se van sacando de los frascos y, bien escurridas, se secan en la estufa o en el horno apenas tibio, o se escarchan, o se acaramelan, etc. Gustando, se consumen de esta manera.

Guindas en almíbar

Proporciones. — Un kilogramo de guindas (peso neto), un kilogramo de azúcar cortadillo y medio litro de *agua*.

Procedimiento. — Quítense los rabitos a las guindas, deshuésense (para no desgarrarlas sáquense los huesos con una pluma) y pésense. Pónganse las guindas en un caldero (1), añadiéndoles por cada kilogramo de fruta 750 gramos de azúcar y medio litro de agua fría. Póngase a cocer al fuego vivo y durante la cocción muévase despacio con una espumadera, cuidando de conservarlas *bien enteras*.

Cuando el almíbar se desprenda en gotas gruesas y espaciadas de la espumadera (punto de "espejuelo"), retírese del fuego, viértase todo el contenido del caldero en un barreño y déjese así hasta el día siguiente. Entonces, vuélvase a ponerlo en el caldero, añadiendo 250 gramos de azúcar en pedazos por cada kilogramo de fruta y vuélvase a cocerlo hasta obtener el punto de "espejuelo".

Déjese entonces enfriar un poco, llénense los frascos, repartiendo equitativamente las guindas y cui-

---

(1) Ponemos siempre "caldero" por ser lo más a propósito, pero lo mismo podrá ser una cacerola o un cazo que no se haya utilizado para guisos.

dando de que el almíbar sobrepase de las guindas. Tápense como lo tengo explicado.

Cerezas en almíbar

Proporciones. — Un kilogramo (peso neto) de cerezas, 750 gramos de azúcar y dos decilitros de agua.

Procedimiento. — Escójanse cerezas muy sanas y bien maduras, deshuésense, quítenseles los rabitos y pésense; pésese igualmente el azúcar correspondiente (750 gramos de azúcar por cada kilogramo de fruta) y mídase el agua necesaria (dos decilitros de agua por kilogramo de fruta).

Con el azúcar y el agua hágase un almíbar clarito; seguidamente se adicionan las cerezas, se hierven diez minutos, se espuma esmeradamente y seguidamente se retira el caldero del fuego. Se vierte todo en un barreño y se deja descansar durante veinticuatro horas. Transcurrido este tiempo se vuelve a poner todo en el caldero y se somete el dulce durante cinco minutos a ebullición fuerte (contando desde que rompe el hervor); a continuación, se sacan las cerezas con una espumadera y, bien escurridas, se colocan en un barreño.

Se hierve el almíbar solo y cuando tenga el punto de hebra floja (cogiendo un poco con los dedos ha de formarse al separarlos una hebra floja) se ponen las cerezas y cuando arranca el hervor se retira el caldero del fuego.

Cuando se haya enfriado un poco se llenan los frascos repartiendo equitativamente las cerezas; el almíbar ha de cubrirlas. Luego se tapan como lo tengo explicado.

Fresas en almíbar

Cantidades. — Un kilogramo de fresas (peso neto), 800 gramos de azúcar y dos decilitros de agua.

Procedimiento. — Se escogen fresas grandes, sanas y maduras. Se les quitan los rabos y, *si es imprescindible,* se lavan de prisa y se escurren bien.

Con el azúcar y el agua se hace un almíbar a 38 grados (cogiendo un poco de almíbar con los dedos mojados ha de formar una bola blanda), se espuma bien y se añaden las fresas. Se pone todo al fuego vivo y en cuanto rompe el hervor se separa el caldero del fuego dejándolo reposar durante unos diez minutos.

Transcurrido este tiempo, se vuelca todo sobre un tamiz colocando debajo un recipiente hondo para que recoja el jugo.

Este jugo *solo* se pone en el caldero y se hace hervir; cuando marca 32 ó 33 grados en el pesajarabes (o punto de "hebra fuerte") se añaden las fresas y se hace que hierva todo por espacio de unos cinco o seis minutos (hasta conseguir el punto de "espejuelo"). Luego se retira del fuego, se espera un rato, se llenan los frascos y se tapan como lo tengo explicado.

Higos en almíbar

Cantidades. — Un kilogramo de higos (después de pelados), 750 gramos de azúcar y dos decilitros de agua.

Procedimiento. — Escójanse higos que no estén muy maduros, pues han de conservarse *enteros.* Pélense con mucho cuidado, haciendo uso de un cuchillo muy fino y afilado. *No se quitan los rabitos.*

Póngase en un caldero o en una cazuela de barro el azúcar y el agua *fría,* déjese hasta que el azúcar se haya derretido; arrímese entonces a la lumbre, y cuando hierve a borbotones se echan los higos.

Se hierven lentamente durante unos quince minutos, cuidando de espumarlos esmeradamente. A continuación échese todo en un barreño de loza ordinaria (si se hacen en cazuela de barro se dejan en ella) y se dejan en maceración durante veinticuatro horas en un sitio fresco. Terminado este tiempo, se vuelve a hervirlo por espacio de cuarenta minutos. Se coge entonces un poco de almíbar con los dedos y se separan éstos: el almíbar ha de tener el punto de hebra fuerte (el almíbar pegándose a los dedos, al separar éstos, ha de formar unas hebras resistentes); si no tuviera dicho punto, habrá que hervirlo más hasta obtenerlo. Conseguido esto, retírese el caldero del fuego y déjese en reposo veinticuatro horas; llénense los frascos, repartiendo equitativamente los higos. Tápense los frascos como lo tengo explicado.

Dulce o confitura de albaricoques

Cantidades. — Un kilogramo de fruta y jugo, 750 gramos de azúcar, un decilitro y medio de agua y un limón.

Procedimiento. — Se escogen albaricoques sanos y maduros y se deshuesan con cuidado. Los muy maduros se pasan, aplastándolos, por un tamiz de cerda, y el jugo que sueltan se pasa por una servilleta (previamente mojada y retorcida) y el jugo así obtenido se reserva para utilizarlo luego.

Se cascan los huesos, se retiran las almendras, se

pelan; si se quiere, para mayor refinamiento se pondrán a macerar con una copita de kirsch.

Los albaricoques restantes se pesan (deshuesados), así como el jugo, y por cada kilogramo de fruta y jugo se ponen 750 gramos de azúcar y dos decilitros y medio de agua.

Con el azúcar y agua confecciónese un almíbar a 28 grados (muy "siruposo"), espumándolo con cuidado.

Hecho el almíbar se coloca en él una capa de albaricoques, los justos para que queden cubiertos de almíbar. Se cuecen por ambos lados, cuidando de no desbaratarlos al darles la vuelta, y cuando se ponen transparentes se sacan con maña y delicadeza con una espumadera y se van colocando en un barreño, volviendo a poner otra capa de albaricoques y a cocerlos de la misma forma hasta terminar.

Se agrega entonces el almíbar (limpio de albaricoques) el jugo reservado, añadiendo por cada kilogramo de fruta el zumo de un limón.

Se hace hervir, espumándolo, y cuando haya alcanzado el punto de "espejuelo" (1), se agregan los albaricoques y las almendras, se hace dar un hervor al conjunto y se retira del fuego.

Después de un rato de reposo se llenan los frascos, repartiendo equitativamente los albaricoques; luego se tapan como lo tengo explicado.

Dulce o confitura de fresas

Cantidades. — Un kilogramo de fresas (peso neto) y 600 gramos de azúcar molido.

Procedimiento. — Quítense los rabos a las fresas y

---

(1) Cuando cae de la espumadera a gotas gruesas y espaciadas.

si es necesario lávense en agua fresca, haciéndoles escurrir después sobre servilletas dobladas en varios dobleces para que empapen mejor, pues si cocieran mojadas habría que hacerlas hervir por mucho espacio de tiempo hasta que el almíbar espesara, y las fresas, cociendo más de lo debido, se desaboran. Pésense las fresas y el azúcar correspondiente y váyanse colocando por capas en un barreño de loza, alternando las fresas y el azúcar, siendo la primera y la última de azúcar, y déjense en reposo por espacio de veinticuatro horas.

Transcurrido este tiempo, háganse escurrir las fresas, cogiéndolas con una espumadera y colocándolas en un gran tamiz (debajo se habrá puesto un plato hondo para que recoja el líquido que vaya cayendo).

El jugo que hayan soltado las fresas, el que contenga el plato y el que haya quedado en el barreño, hágase cocer hasta obtener un almíbar a 29 grados (véase "Puntos de almíbar"). Conseguido este punto, retírese del fuego y después de unos minutos incorpórense las fresas en este almíbar y déjense en infusión hasta el día siguiente.

Vuélvanse a hacer escurrir las fresas sobre el tamiz y hágase hervir el almíbar, añadiendo las fresas cuando hierve; hiérvase todo por espacio de tres o cuatro minutos, espumándolo esmeradamente.

Retírese este dulce del fuego y cuando haya entibiado llénense los frascos y tápense como lo tengo explicado.

Dulce o confitura de ciruelas claudias

Cantidades. — Un kilogramo de ciruelas (sin el hueso), un kilogramo de azúcar y dos decilitros de agua.

Procedimiento. — Escójanse ciruelas sanas y maduras (sin que estén reventadas) y sepárense las muy maduras; pínchense las ciruelas en varios sitios con un alfiler y deshuésense con cuidado para no desgarrarlas, sacando los huesos con una pluma.

Pásense las más maduras por el cedazo, apretando con la seta de madera, y el jugo extraído fíltrese por una servilleta mojada.

Pésense las ciruelas deshuesadas y póngase igual peso de azúcar. Póngase este azúcar en un caldero, añádanse dos decilitros de agua por cada kilogramo de azúcar y hágase derretir; una vez derretido, póngase a cocer a fuego vivo hasta que marque 37 grados en el pesajarabes (punto de "hebra fuerte"). Obtenido este punto, agréguense las ciruelas y el jugo filtrado, hágase dar al conjunto dos o tres hervores y vuélquese todo sobre un tamiz puesto encima de un barreño; déjese escurrir.

Recójase el almíbar que haya escurrido y vuélvase a hacerlo hervir. Cuando de nuevo marque 37 grados en el pesajarabes (punto de "espejuelo"), incorpórense las ciruelas, echándolas en dos o tres veces (según la cantidad que haya), para que el almíbar no pare de hervir, pues las ciruelas han de hervirse de prisa. Retírense cuando se pongan trasparentes, escurriéndolas como antes.

El almíbar que haya escurrido hágasele hervir hasta obtener el punto de "espejuelo"; añádanse entonces las ciruelas, déseles un hervor y retírese el caldero del fuego.

Después de un rato póngase en los frascos, repartiendo equitativamente las ciruelas, y tápense como lo tengo explicado.

Confituras o dulce de melón

Cantidades. — Un kilogramo de melón (peso neto), un kilogramo de azúcar (de pilón o en pedazos), tres decilitros y medio de agua, un limón y un pellizco de sal.

Procedimiento. — Córtese el melón en trozos del tamaño que se quiera y una vez bien desprovistos de corteza, filamentos y pepitas, pésense; a continuación pónganse a cocer con agua hirviendo y un pellizco de sal hasta que estén cocidos (cuando se doblan con facilidad). Con el azúcar y agua correspondientes a la cantidad de trozos de melón (igual peso de melón que de azúcar) hágase un almíbar a 35 grados (véase "Puntos del almíbar"); pónganse en el almíbar los trozos de melón (bien escurridos), agréguese zumo y limón a razón de *un* limón por cada *tres libras* de fruta. Después de unos cuantos hervores échese todo en un barreño de loza y déjese reposar durante veinticuatro horas.

Transcurrido este tiempo, hágase escurrir el almíbar y hágasele hervir durante unos minutos, añádanse los trozos de melón y déjense hervir lentamente hasta que estén cocidos (retírese un trozo de melón y pruébese; téngase en cuenta que, al enfriar, endurecen).

Ya cocido, retírese el caldero del fuego, déjese templar un poco el dulce y llénense los frascos repartiendo equitativamente los trozos. Tápense como lo tengo explicado.

Trozos de calabaza en almíbar

Procedimiento. — Desprovista la calabaza de la corteza, se corta en trozos regulares y se ponen a cocer en agua hirviendo hasta que se doblen fácilmente. Se escurren bien, poniéndolos sobre un tamiz, y, a continuación, se echan en un almíbar a 20 grados, que se tendrá preparado; se dejan hervir durante unos minutos, se retira del fuego y se deja reposar todo durante veinticuatro horas.

Transcurrido este tiempo, se escurren los trozos de calabaza dejándolos en un plato, y se hierve el almíbar, y cuando marca 32 grados en el pesajarabes (equivalente: punto de "hebra fuerte") se vuelve a poner la calabaza, y cuando arranca el hervor se retira el caldero del fuego y se le da un nuevo reposo de veinticuatro horas.

Transcurrido este tiempo, se vuelve a poner al fuego y cuando arranca el hervor se retira, quedando hecho.

Consérvese en frascos grandes, bien repartida la calabaza.

Para confitarla basta con secarla en la estufa o en el horno, apenas tibio, o bien acaramelarla.

Naranjas en almíbar

Cantidades. — Un kilogramo de naranjas (después de cocidas) y un kilogramo de azúcar.

Procedimiento. — Escójanse naranjas de corteza fina, ráspese un poco la corteza de cada una, pónganse a remojo en agua fría por espacio de cuatro o cinco días, cambiándoles el agua cada día.

Háganse cocer y una vez cocidas pártanse por la mitad; quítense las pepitas y háganse escurrir. Cuando hayan escurrido, pésense; pésese igual peso de azúcar.

Con el azúcar y un poco de agua, confecciónese un

almíbar a 25 grados (véase "Puntos del almíbar"); pónganse las naranjas en el almíbar y cuézanse hasta que estén tiernas y muy dulces, pero cuidando de que los trozos queden enteros.

Consérvense en frascos grandes, bien repartidas las naranjas y bien cubiertas de almíbar; tápense como lo tengo explicado.

Cuando se quiera escarcharlas o confitarlas, bastará con escurrirlas bien y ponerlas a secar en la estufa o en el horno, apenas tibio, o bien acarameladarlas.

Cortezas de naranja en almíbar

Cantidades. — 1 kilogramo de cortezas de naranja, 1 kilogramo y medio de azúcar, 2 litros y medio de agua.

Nota. — La carne y el jugo de las naranjas se aprovechan para mermelada, jalea o gelatina.

Procedimiento. — Las naranjas se cortan longitudinalmente en cuatro pedazos, se vacian con una cucharilla, con mucho cuidado para no agujerearlas, y las cortezas, una vez desprovistas de carne, se van echando en un barreño con agua fría. A continuación se ponen las cortezas en un caldero, se echa agua fría hasta cubrirlas bien y se ponen a cocer con fuego muy moderado para que no se rompan (hirviendo de repente se rompen); cuando arranca el hervor se sacan y se colocan encima de una rejilla para que apuren bien. A continuación se vuelven a poner en el caldero con agua limpia y se dejan cocer hasta que puedan atravesarse fácilmente con un alfiler (para esto necesitarán lo menos una hora de cocción), luego se escurren y se dejan en remojo en agua fría durante veinticuatro horas, cambiándoles el agua seis o siete veces.

Nota. — Es indispensable este remojo para que no amarguen.

Con el azúcar y el agua se confecciona un almíbar a 25 grados (véase "Puntos del almíbar") y cuando está en este punto y en plena ebullición se vierte por encima de las cortezas que se tendrán colocadas en un barreño (el almíbar ha de cubrirlas), y se dejan descansar por espacio de veinticuatro horas.

Transcurrido este tiempo, se escurre el almíbar, se pone al fuego y cuando marca 25 grados se vuelve a echar por encima de las cortezas, dejándolas reposar durante veinticuatro horas.

Transcurrido este tiempo, se vuelve a escurrir el almíbar y a hervirlo, vertiéndolo de nuevo por encima de las cortezas y dejándolas reposar otras veinticuatro horas. Después de estas tres ebulliciones, en las sucesivas se aumenta la graduación del almíbar en la siguiente forma:

Día cuarto: Exactamente que los anteriores, pero cociendo más el almíbar. Ha de marcar 27 grados y se deja descansar por espacio de cuarenta y ocho horas.

Días quinto, sexto, séptimo y octavo: Exactamente igual, aumentando cada día el punto de cocción del almíbar hasta obtener el día octavo 35 grados en el pesajarabes (si es necesario, se añadirá más azúcar al almíbar), quedando de esta manera confitadas las cortezas de naranja.

Se repartirán equitativamente en los frascos o tarros, cuidando de que queden bien cubiertas de almíbar, y se tapan como lo tengo explicado.

Para confitarlas o escarcharlas basta con ponerlas, bien escurridas de almíbar, en la estufa o en el horno, apenas tibio, o bien acaramelarlas.

Cabello de ángel

Procedimiento. — Cójase una calabaza de cidra y golpéese con un palo hasta agrietarla toda. Con un cuchillo fino hágase saltar toda la corteza hasta que la calabaza quede bien limpia de ella.

Pártase entonces en trozos cuadrados de unas tres pulgadas, quítenseles perfectamente las simientes y échense los trozos de calabaza en un caldero con agua abundante y hágaseles hervir a fuego vivo hasta ablandarlos. Conseguido esto, retírense del fuego y déjense dos horas en reposo. Transcurrido este tiempo apriétese cada trozo con las manos, y los hilos o hebras que van soltándose (si han cocido bastante suéltanse con facilidad) se van echando en un caldero con agua fría; puesto todo en el caldero, arrímese éste al fuego, caliéntese, apártese al primer hervor y vuélvase a hacerlo reposar.

Mientras tanto confecciónese un almíbar a punto de hebra y cuando esté apártese de la lumbre.

Echense las hebras en un tamiz y háganse escurrir hasta que queden secas; sin embargo, para mayor seguridad váyanse cogiéndolas por partidas, apretándolas con ambas manos para que suelten el agua que haya podido quedarles.

Hecho esto échense en el almíbar y háganse cocer hasta que los cabellos estén tiernos y el almíbar bien espesito.

Viértase en los frascos y tápense como lo tenemos explicado.

Nota. — Hay quien le pone al dulce (le va muy bien), sea corteza de limón, sea un trozo de canela.

Piña en almíbar

Cantidades. — Un kilogramo de piña (peso neto), un kilogramo de azúcar, 2 naranjas y 2 ó 3 manzanas.

Procedimiento. — Escójanse piñas maduras, móndense, córtense por la mitad a lo largo, quítesele la parte dura del centro y todo lo demás córtese en rajas o en trozos regulares. Póngase igual peso de azúcar que de piña (una vez mondada y cortada en pedazos).

Con el azúcar y el agua necesaria hágase un almíbar a veinticuatro grados (siruposo fuerte).

Colóquense los pedazos de piña en un barreño, cúbranse con el almíbar y déjense en infusión por espacio de cuatro horas.

Córtense las manzanas en trozos (no se pelan) y háganse cocer con un poco de agua; igualmente háganse hervir con un poco de agua las peladuras y recortes de piña. Ambas aguas se pasan por el chino; se añade, a lo pasado, por cada piña el zumo de dos naranjas, y todo ello se filtra por una servilleta previamente mojada y retorcida.

Se pesa lo filtrado y se le añade igual cantidad de azúcar (este azúcar es independiente del indicado en las cantidades).

Hágase escurrir el almíbar del barreño y hágasela hervir *sola* hasta conseguir el punto de "bola blanda" (cuando manipulándola con los dedos se recoge en una bolita blanda). Obtenido este punto, añádanse los trozos de piña y después de un par de hervores vuélvase a ponerlo todo en el barreño y déjese enfriar. Una vez frío, retírese del barreño todo el jarabe, adiciónese a éste lo filtrado y hiérvase hasta obtener el punto de "espejuelo" (cuando se desprende de la espumadera en gotas gruesas y distanciadas); agréguense entonces los trozos de piña y hiérvase todo hasta que estén cocidos (se conoce que lo están cuando pinchándolos con un alfiler no ofrecen resistencia y se han vuelto transparentes).

Déjese enfriar un poco, llénense los frascos repartiendo equitativamente la piña y cúbrase bien ésta de almíbar. Tápense como lo tengo explicado.

Dátiles frescos y rellenos, en almíbar

(Confitura oriental)

Cantidades. — Un kilogramo de dátiles deshuesados, 750 gramos de azúcar, dos decilitros y medio de agua y almendras o pistachos para rellenar los dátiles.

Procedimiento. — Escójanse dátiles muy hermosos y muy amarillos. Móndense con un cuchillito fino, pónganse en una cazuela de barro, cúbranse con agua, háganseles dar unos hervores hasta ablandarlos.

Déseles una cortada a lo largo, deshuésense, colocándoles en el lugar del hueso sea un pistacho, sea una almendra (para mondar fácilmente las almendras y los pistachos se tienen unos minutos en agua hirviendo).

Una vez rellenos se pesan. Por cada kilogramo de

dátiles pónganse 750 gramos de azúcar y dos decilitros y medio de agua.

Hágase con el azúcar y el agua un almíbar a punto de hebra floja. Agréguense los dátiles hasta que el almíbar tenga punto de hebra fuerte.

Guárdense en frascos o tarros y tápense como lo tengo explicado.

Dulce de castañas

Proporciones. — Un kilogramo de pasta fina de castañas, un kilogramo de azúcar molido, dos decilitros de agua y medio palo de vainilla.

Procedimiento. — Escójanse castañas sanas, móndense y échense a medida en una gran cazuela de barro, cúbranse de agua y háganse cocer hasta que se aplasten fácilmente. Retírense entonces por porciones, pélense y pásense a medida por el pasapuré. Si se tiene tiempo y paciencia y se quiere que resulte más fino, pásense por el chino o por un tamiz.

Nota. — Conviene hacerse ayudar, pues las castañas se mondan y se aplastan mejor estando calientes.

Posadas todas las castañas, se pesa este puré y se pesa igual cantidad de azúcar. A continuación se hace derretir el azúcar con el agua correspondiente (dos decilitros de agua por cada kilogramo de azúcar). Se pone también el palo de vainilla.

Una vez derretido el azúcar, se pone en un caldero, se añade el puré de castañas y se cuece a fuego moderado, dándole vueltas con una cuchara de madera raspando bien el fondo para que no se pegue al caldero. Aproximadamente necesitará para cocerse de quince a veinte minutos.

El dulce se ha de retirar algo delgado, pues espesa al enfriarse; ya en punto retírese del fuego, déjese enfriar un poco, llénense los frascos y tápense como lo tengo explicado.

Carne de membrillo

Proporciones. — Igual cantidad de azúcar que de pulpa de membrillo.

Procedimiento. — Se escogen membrillos muy maduros, sanos y amarillos, se pelan, se cortan en cuatro pedazos, se les quita el corazón (la parte dura de las simientes) y a medida se van echando estos tallos en un barreño de agua fría en la que se habrá exprimido el zumo de uno o varios limones, según la cantidad de membrillo (el zumo de limón es para que no se pongan negros). Conviene que el mondado y corte de los membrillos se haga de prisa, para que se hiervan cuanto antes.

Los tallos de membrillo se ponen a cocer en un caldero de agua *hirviendo,* teniendo cuidado de que no pare el hervor desde que empieza para que no tomen color de vino y la carne del membrillo resulte luego bien amarillita y agradable a la vista. Cuando el agua no les cubriera bien habría que añadir la necesaria, pero siempre *hirviente,* de ningún modo fría; así que los tallos estén bien cocidos y blandos (se han de atravesar fácilmente con un tenedor) pero aún enteros, se sacan con una espumadera y se hacen escurrir, colocándolos luego sobre un mantel bien limpio. A continuación pásense por el pasapurés. Han de quedar en pasta muy fina; si es necesario, vuélvase a pasarlo por un pasador.

Póngase igual peso de azúcar molido que de pasta de membrillo y hágase cocer. Mientras cuece, revuélvase con una cuchara de madera, raspando bien el fondo para que no se pegue.

Este dulce ha de tener buena consistencia. Se conoce que está en punto cuando cogiendo un poco con los dedos índice y pulgar y apretando éstos, al desunirlos se produce un chasquido, ofreciendo además algo de resistencia.

Este dulce puede conservarse en moldes con dibujos, pues adopta su forma y resulta luego muy agradable a la vista, o más sencillamente en tazones de loza ordinaria o en cajas de hoja de lata.

Es buena precaución exponerlo, destapado, al sol durante dos o tres días, pues se forma una tela que les hace conservarse largo tiempo.

Téngase cuidado al llenar los moldes o tazas de apisonar bien la carne de membrillo para que no queden huecos por donde pueda introducirse aire, pues se estropearía.

JALEAS

Nota explicativa. — Son jugos de frutas combinados con azúcar, quedando de una consistencia sólida y algo elástica.

Para obtener este resultado, son necesarios frutos que contengan pectina y ácido. Cuando una fruta esté escasa de uno de estos elementos, se completa con otra fruta provista del que le falte. La manzana contiene ambos ingredientes; por tanto, se utiliza mucho para combinarla con otras frutas carentes de pectina o ácido. También dan buenos resultados las naranjas y los albaricoques, pero estos frutos, siendo de sabor más fuerte que las manzanas, no son tan propios.

La excesiva cocción destruye la pectina. Se recomienda, por tanto no se cuezcan los frutos con más agua que la debida para que no haya que prolongar luego su cocción (las jaleas se hacen con jugos concentrados por evaporación) y conviene cocerlos a fuego vivo por igual motivo.

Jalea de membrillo

Proporciones. — Para cada litro de jugo, 800 gramos de azúcar en *pedazos*.

Procedimiento. — Escójanse membrillos sanos, maduros y aromáticos.

Prepárese un barreño con agua fría acidulada con el zumo de uno o más limones (según la cantidad de membrillo).

Móndense con cuidado los membrillos, recójanse las peladuras, envuélvanse éstas en una muselina, sujetándola con unas vueltas de bramante.

Según el tamaño de los membrillos, se cortarán en cuatro o en seis pedazos. Después de quitarles el corazón y todo lo malo, échense en el agua del barreño.

Téngase un caldero con agua hirviendo a razón de un litro escaso de agua por cada medio kilogramo de fruta (la suficiente para que los membrillos bañen holgadamente, pero sin exceso) ; póngase también el atado de las peladuras y hágase hervir.

Nota. — Cuanta menos agua se le ponga, tanto más perfumada saldrá la jalea. El ponerle mucha agua tiene además el inconveniente de que habrá que hervirla mucho más tiempo, puesto que la jalea se hace cuando se consume el agua.

Hágase hervir a fuego vivo (cuanto más rápida sea la cocción tanto más bonita y exquisita será luego la jalea). Los trozos de membrillo estarán en buen punto de cocción cuando no ofrezcan resistencia al tacto.

(Vigílense para que cuezan *lo justo*. Si cuecen poco, no sirven luego para una compota; si cuecen demasiado caen en puré y enturbian el agua y, por consiguiente, la jalea.)

Los pedazos ya cocidos váyanse colocando en un tamiz puesto sobre un barreño. Añádase toda el agua que contenga el caldero. Recójase todo el líquido, haciendo un poco de presión sobre los membrillos para que apuren bien, y este líquido fíltrese por una muselina mojada.

Mídase este jugo y viértase de nuevo en el caldero (éste se habrá lavado antes con agua caliente *sola*). Añádanse 800 gramos de azúcar en pedazos por litro de jugo. Revuélvase hasta derretirlo y *cuando se haya derretido* póngase a cocer a fuego vivo. Espúmese esmeradamente, limpiando si es necesario las paredes interiores del caldero con un trapo mojado con agua. Lávese también la espumadera cuando se vaya a hacer uso de ella (todo esto para que la jalea salga clara).

Este dulce ha de hacerse a fuego *muy vivo* para que se consuma pronto el agua.

Para conocer si está en punto hágase como sigue:

Métase la espumadera en el jarabe, levántese en alto; si el almíbar cae de prisa es señal que hay que hervirlo más, siendo señal que ha cocido bastante cuando se aglomera en el borde y se desprende en gotas alargadas y espaciadas.

Si es necesario vuélvase a filtrarla por una muselina par que quede perfectamente clara y transparente.

Llénense frascos o moldes. Déjese en reposo veinticuatro horas, luego tápese como lo tengo explicado.

Con los trozos de membrillo hágase una compota o carne de membrillo.

Jalea de naranjas

Cantidades. — Siete decilitros de jugo de naranjas (aproximadamente unas doce o trece hermosas naranjas), tres decilitros de jugo de manzanas (aproximadamente medio kilogramo de manzanas y medio litro de agua) y 800 gramos de azúcar (de pilón o en pedazos).

Nota. — La jalea de naranjas necesita, para cuajarse debidamente, cierta cantidad de jugo de manzanas.

Procedimiento. — Escójanse manzanas sanas; siendo manchadas comunican luego mal sabor al dulce. *No se pelan,* pues la piel es la que da la gelatina. Se lavan y se parten en cuatro trozos, con un cuchillo se quita la dureza del centro y el tallo y se ponen en un perol de cobre sin estañar o de aluminio, añadiendo medio litro de agua fría. Se pone a fuego vivo para que arranque pronto el hervor, luego se retira para que siga cociéndose más lentamente, a fin de que la manzana se cueza sin que se rompa la piel. Cuézase tapada por espacio de quince minutos y vigílese para que no se cuezan demasiado y se ponga en puré, pues enturbiarían el jugo *sin tocar las manzanas*. Mídase lo pasado y si el líquido obtenido es superior a tres decilitros hágasele hervir a borbotones hasta reducirlo a este volumen.

Mientras cuecen las manzanas prepárese el jugo de naranja. Primeramente levántense trozos de corteza, cuidando de no coger más que lo estrictamente amarillo. Atense todas estas peladuras con unas vueltas de hilo; resérvese.

Pártanse las naranjas por la mitad y exprímanse empleando para esto un exprimidor de cristal. Pásese este jugo por un pasador fino.

Póngase en un caldero el jugo de naranjas, añádase a éste el jugo de manzanas y el azúcar y póngase el caldero al fuego vivo. Espúmese perfectamente y modérese el fuego. Límpiense con un trapo mojado las paredes de dentro del caldero, para que la espumilla que se pega no estropee la jalea. Estará cocida cuando tenga el punto de "espejuelo", o sea de 32 a 33 grados.

Unos minutos antes de terminar la cocción échese en el almíbar el atado de las peladuras de naranja.

Llénense los tarros o frascos y tápense como lo tengo explicado.

Jalea de moras silvestres

Proporciones. — Igual peso de azúcar que de moras.
Procedimiento. — Pónganse las moras y el azúcar

en un barreño y déjese en maceración durante seis horas. Terminado este tiempo échese todo en un caldero y póngase éste sobre fuego *vivo*. Cuando hierve a *borbotones* —éstos han de cubrirse toda la superficie del dulce— retírese el caldero del fuego, y acto seguido, en cuanto baja la ebullición, vuélvase a ponerlo al fuego y en cuanto vuelven a producirse los borbotones, se retira de nuevo el caldero, volviendo a ponerlo en cuanto desaparecen. En total, *tres ebulliciones* muy fuertes.

Echese todo inmediatamente sobre un tamiz, puesto encima de un barreño hondo. Déjese pasar sin *tocar* ni *moverlo*. Póngase lo escurrido en los tarros o frascos; procúrese hacerlo de prisa, pues esta jalea se cuaja en seguida. Tápense como lo tengo explicado.

Dulce de cerezas con jalea de grosellas

La mezcla de cerezas y grosellas resulta exquisita.

Cantidades. — Para el dulce de cerezas: un kilogramo de cerezas, 800 gramos de azúcar y un vaso de agua.

Para la jalea de grosellas: 500 gramos de grosellas, 400 gramos de azúcar en pedazos y medio vaso de agua.

Procedimiento. — Escójanse unas cerezas grandes y maduras, deshuésense empleando una pluma de ave cortada en pico para no desgarrarlas, pues han de conservarse lo más enteras que se pueda.

Pónganse en un caldero, mejor aún en una cazuela de barro honda, 800 gramos de azúcar y un vaso de agua fría (en el supuesto de que se opere bajo la base de un kilogramo de cerezas; siendo más, auméntese proporcionalmente la cantidad de azúcar y agua), déjese derretir, y cuando se haya derretido añádanse las cerezas y póngase al fuego vivo. Hiérvase durante *ocho minutos*, reloj en mano. Exprímase con esmero, échese en un barreño y déjese descansar durante veinticuatro horas (haciéndolo en cazuela de barro se deja descansar en la misma cazuela). Transcurrido este tiempo vuélvase a ponerlo al fuego y hágasele hervir durante *tres minutos;* a continuación sáquense las cerezas con una espumadera y bien escurridas déjense en un barreño; seguidamente hágase hervir el almíbar hasta obtener el punto de hebra (cuando cogiendo almíbar con los dedos al separarlos se forman unos hilillos pegajosos); entonces agréguense las cerezas y la jalea de grosellas que se tendrá ya hecha (luego explicaremos cómo se confecciona). Hágase hervir el conjunto por espacio de tres o cuatro minutos, exprímase esmeradamente, retírese del fuego y después que se haya enfriado un poco llénense los fracos; luego tápense como lo tengo explicado.

Jalea de grosellas

Procedimiento. — Pónganse en una cazuela de aluminio 50 gramos de grosellas, tritúrense, agregándoles un paso de agua fría, y a continuación pónganse a cocer al fuego lento, revolviendo con una cuchara de madera reservada para este fin. Hágase hervir durante *diez minutos,* reloj en mano; transcurrido este tiempo échese todo en un tamiz, pásese apretando un poco para extraer bien el jugo de grosella hasta obtener medio litro aproximadamente de dicho jugo, agréguensele 400 gramos de azúcar en pedazos, remuévase y cuando se haya derretido póngase al fuego muy vivo para que rompa el hervor en seguida, espúmese esmeradamente y cuando haya hervido quince minutos compruébese el punto de la jalea (se coge un poco con una cuchara y se vierte; si está en punto la última gota tardará en desprenderse, si corriera habrá que hervirla unos minutos más, volviendo a hacer la prueba).

Estando en este punto mézclese con el dulce de cerezas, hiérvase el conjunto durante tres o cuatro minutos, espumándolo si fuera necesario.

FRUTAS CONFITADAS CONSERVADAS EN SECO

Nota explicativa. — Estas frutas se preparan a un estilo como lo hemos explicado para las frutas en almíbar, es decir, sometiendo el almíbar a varias ebulliciones y las frutas a determinadas infusiones. Luego, en vez de conservarlas en frascos con su correspondiente almíbar, se secan y se conservan en cajas o latas, por capas separadas con papel de barba.

Nosotros somos partidarios de conservarlas en almíbar y no secarlas hasta que se vayan a consumir, pues así se conservan más jugosos y con más sabor. Sin embargo, daremos algunas recetas de frutas conservadas en seco.

Albaricoques confitados conservados en seco

Escójanse albaricoques que no estén demasiado maduros y *sin pelarlos* se colocan encima de un tamiz (1)

---

(1) Nada de hierro ni metal, pues es perjudicial.

de tela de crin o en bandejas de mimbre. Se dejan en una habitación que no sirva aquel día para otro uso, colocando en el centro una vasija que contenga 200 gramos de flor de azufre, se enciende, se cierra herméticamente la habitación para que no salga el humo y se deja la fruta que se azufre por espacio de dos o tres horas, luego se pinchan en todos sentidos con un alfiler y se ponen a remojar durante cinco o seis minutos en agua fría. Terminado este tiempo se escurren bien y a continuación se pesan. Se colocan en un barreño de loza ordinaria agregando por cada kilogramo de albaricoques 30 gramos de cal viva diluída en un litro de agua y se dejan de este modo unas veinticuatro horas. Transcurrido este tiempo se echan en un caldero y, bien cubiertos de agua fría, se tienen por espacio de dos horas cambiándoles el agua dos o tres veces.

Día primero. — Transcurrido el tiempo indicado, se ponen los albaricoques al fuego con agua fría y se cuecen hasta que estén blandos, luego se hacen escurrir perfectamente, cuidando siempre de conservarlos bien enteros.

Se pone en un caldero al fuego un litro de agua y 700 gramos de azúcar (de pilón o cortadillo) y cuando arranca el hervor se espuma bien y se añaden los albaricoques, y al empezar de nuevo a hervir se separa del fuego y se deja descansar durante veinticuatro horas.

Día segundo. — Se añaden 300 gramos más de azúcar al almíbar, se deja derretir, se pone de nuevo el caldero al fuego y cuando rompe el hervor se retira y se deja descansar por otras veinticuatro horas.

Día tercero. — Se repite la misma operación y se deja descansar cuarenta y ocho horas.

Días quinto, sexto y séptimo. — Se aumenta el grado

del almíbar agregándole 200 gramos de azúcar cada día y haciendo arrancar el hervor solamente (es decir, que en cuanto rompe el hervor se retira inmediatamente del fuego) y se deja descansar.

Al terminar esta preparación el jarabe debe tener el punto de "hebra fuerte" (de 35 a 36° en el pesajarabes).

Días octavo y noveno. — Déjese descansar.

Días décimo y undécimo. — Hágaseles dar un hervor y déjense descansar.

Día duodécimo. — Se les da un hervor, luego se colocan los albaricoques encima de un tamiz, se hierve el jarabe unos diez minutos, se echa por encima de la fruta y se meten unos minutos al horno suave.

Una vez secos y fríos se colocan en cajas o latas formando unas capas y separando éstas con hojas de papel de barba.

Sandía confitada conservada en seco

Cantidades. — Un kilogramo de sandía (peso neto), dos kilogramos 100 gramos de azúcar (de pilón o cortadillo).

Procedimiento. — Móndese una sandía quitándole una delgada capa de la piel verde, luego córtese en trozos sacándole casi toda la pulpa encarnada y pésense hasta obtener un kilogramo de dichos trozos de sandía.

Pónganse en caldero agregándole dos litros de agua hirviendo y déjese reposar durante veinticuatro horas; transcurrido este tiempo póngase al fuego con la misma agua y cuézase hasta que esté bien blanda; se conoce cuando, pinchándola con un tenedor, éste penetra fácilmente; ya en este punto, se pasa por agua fría y se escurre, se vuelve a poner en el caldero y se añade un litro de agua y un kilogramo de azúcar; se pone al fuego y se cuece hasta que arranca el hervor; retírese entonces y déjese reposar por espacio de veinticuatro horas.

Día segundo. — Auméntese el grado del jarabe agregando 300 gramos de azúcar a la sandía; a continuación, póngase a cocer, y cuando rompa el hervor retírese del fuego y déjese reposar durante otras veinticuatro horas.

Día tercero. — Se repite la operación del día anterior, agregando 300 gramos de azúcar al jarabe y retirándolo del fuego cuando rompe el hervor, pero esta vez se le deja descansar durante *cuarenta y ocho horas.*

Días quinto, sexto y séptimo. — Se aumenta el grado del jarabe con 200 gramos de azúcar cada día y haciendo arrancar el hervor solamente.

Al terminar esta preparación el jarabe ha de tener de 35 a 36 grados o punto de "esuejuelo" (metiendo dentro del jarabe una espumadera y acto seguido levantándola en alto, el jarabe se desprenderá del borde de la espumadera a gotas gruesas y espaciadas).

Días octavo y noveno. — Se deja descansar.

Días décima y undécimo. — Se hace arrancar el hervor y se deja descansar.

Día duodécimo. — Se pone al fuego y cuando arranca el hervor se colocan los trozos de sandía encima de un tamiz, se recoge todo el almíbar y se hierve durante diez minutos, acto seguido se echa por encima de la sandía y se deja secar al aire o en el horno apenas tibio. Luego se guarda en cajas, separadas las capas con papel de barba.

Nota. — Este mismo dulce se puede conservar simplemente con almíbar; para esto se le da un hervor el décimo día y cuando está frío se guarda en frascos de cristal, repartiendo equitativamente los trozos de sandía, que han de quedar bien cubiertos de jarabe, y pasadas veinticuatro horas se tapan como lo tengo explicado (con papel de barba mojado con alcohol de 90 grados y atado con una cuerda, o con su tapa si el frasco la tiene).

Este dulce es susceptible de secarse a cualquier momento operando como hemos explicado en el duodécimo día del confitado.

CAPITULO VII

FRUTAS SECAS

Nota explicativa. — Comercialmente las frutas se secan en estufas especiales y por procedimientos científicos, pero siendo éste un recetario estrictamente casero, la autora hará caso omiso de tecnicismos, exponiendo unos métodos caseros que además resultan excelentes.

Orejones (melocotones secos)

Se escogen melocotones de los llamados duraznos y se examinan uno por uno: han de ser bien sanos y maduros (no confundáis maduros con pasados).

Se parten por la mitad a lo largo, se quita el hueso y cada mitad se corta a gajos delgados. Estos gajos se extienden en bandejas de mimbre y se exponen al sol fuerte por espacio de quince días consecutivos, cuidando de retirarlos de noche, pues el relente los estropea; igualmente no habrá que sacarlos si estuviera el tiempo nublado y menos aún lloviendo.

De noche se meterán en el horno, pero sin que esté el fuego encendido, volviéndolos a sacar al sol cuando éste haya adquirido bastante fuerza. Una vez secos, se conservan en cajas o tarros; *no se tapan.* Lo principal es que estén bien secos para que no corran peligro de fermentarse luego.

Otra manera de orejones

Ingredientes. — 50 kilogramos de melocotones llamados duraznos y un kilogramo de azufre.

Procedimiento. — Se pelan los duraznos, sea utilizando un cuchillo fino, sea con una máquina ex profesa o más rápidamente por procedimiento químico. No necesito explicar los dos primeros. Cuando se quiere emplear el último se prepara una lejía sódica al 2 por 100, se zambullen en ésta los duraznos donde se agitan durante dos minutos, para acto seguido sumergirlos en agua fría, donde se desprenderán de la piel.

Ya pelados, se cortan en mitades para la extracción del hueso o carozo y luego se parten en cuatro tiras.

En estas condiciones se extienden en bandejas de mimbre, las que se ponen en una habitación, se pone en el centro de ésta una vasija con el azufre y se prende fuego a éste. Se cierra herméticamente la habitación para que no salga el humo y se deja así durante catorce horas para que los vapores blanqueen los orejones en la debida forma. Retirado el azufre, se colocan las bandejas con su contenido al rayo de sol por espacio de varios días hasta completar su secado. Se retirarán las bandejas en cuanto no les dé el sol, guardándolas en un local seco.

La humedad y el relente les perjudican mucho.

Se conservan destapados, sea en cajas de madera, sea en grandes botes.

HIGOS PASOS

Estos higos han de prepararse en el lugar mismo donde se recolectan y en el momento mismo de la recolección, pues su piel ha de quedar *intacta,* sin roturas, y tienen que ser cogidos *muy maduros,* hasta demasiado maduros casi.

Los higos se colocan sobre bandejas de mimbre (sin amontonarlos) y se exponen al sol fuerte por espacio de cinco a seis días. Al anochecer se guardan en un local seco —el relente y el rocío los estropea— y todos los días se les da vuelta para que vayan secándose por igual.

Los higos, una vez secos, se guardan en capachos o cestos de esparto o en cajones de madera, colocados por capas que se prensan un poco.

Pan de higos

Se eligen higos blancos y se secan al sol como los anteriores. Luego se cortan a trocitos y se ponen en un molde forrado con papel de barba; encima se pone una madera, y sobre ésta, peso, pues han de quedar bien prensados.

Pasados unos ocho días se puede sacar el pan de higos del molde.

Resultará más sabroso si se incrusta entre los higos unos trozos de nuez o avellana.

Reglas para desecar la mayoría de frutas (peras, manzanas, ciruelas, etc.)

Se escoge fruta muy sana y madura, pero en el tope, pues no hay que confundir madura con *muy* madura.

Se parten por la mitad las peras y las manzanas; las ciruelas se dejan enteras, y se cuecen al vapor, hasta el punto de que una pajuela las penetre sin doblarse.

Conseguido esto, se colocan bien extendidas en bandejas y se meten en el horno, que ha de estar caliente pero *sin fuego;* las ciruelas quedarán secas en siete u ocho horas, las manzanas en ocho o nueve, las peras en diez o doce.

Ya seca, se extiende la fruta encima de bandejas de mimbre o sobre esteras limpias, y en lugar bien seco. Téngase así durante seis o siete días.

Se guardan en cajas de madera forradas interiormente con papel blanco, se prensa un poco y se conserva en un local seco.

Nueces moscadas

Se recogen las nueces antes de que el grano esté formado, en el estado que se llama en leche; se tienen dos meses en grandes barreños de agua, que se muda de ocho a ocho días, y cuando han tomado un color negro y están blancas, se hirven en agua, y se les quita con cuidado la parte del palito donde están prendidas y se les pasa un mondadientes de parte a parte; hecho un almíbar con un kilogramo de azúcar y un litro de agua por cada kilogramo de nueces, se ponen éstas en este almíbar y se cuecen hasta que estén blanditas; se sacan de este almíbar y se dejan escurrir bien, sobre un tamiz, se envuelven en una masa de merengue y se ponen en el horno dándoles vueltas hasta que se seque bien el baño blando; concluída la operación resultan moscadas las nueces y se conservan buenas durante un largo espacio de tiempo.

CAPITULO VIII

BEBIDAS

Jarabes de frutas

Nota explicativa. — Mezclados con agua helada y mejor aún con soda, los jarabes de frutas resultan una bebida agradable y muy sana (por no contener alcohol). Estos jarabes es muy difícil adquirirlos buenos, pues muchos fabricantes utilizan, en vez de fruta, esencias que muy a menudo son nocivas para la salud. Otros añaden, para que se conserven mejor, ácido salicílico en proporciones alarmantes y, casi todos, sin llegar a tanto, los cargan de glucosa que ayuda a su buena conservación pero en detrimento de su aroma.

Por tanto, siendo fácil su confección, recomendamos se preparen en casa, sobre todo teniendo un exceso de fruta disponible.

Haciendo caso omiso de detalles demasiado técnicos, vamos a exponer las reglas de unos cuantos buenos jarabes de fruta.

La fermentación. — El mayor peligro de los jarabes mal preparados es que al cabo de más o menos tiempo fermenten; se conoce cuando un jarabe ha fermentado en que se pone turbio y espumoso y adquiere mucha acidez, corriendo el riesgo de que estalle la botella por el ácido carbónico que se forma en el vacío de la embocadura.

Examinaremos, pues, las causas que puedan promover esta fermentación y la manera de evitarla.

La clarificación. — Ante todo, el jugo de fruta ha de estar perfectamente clarificado.

Los jugos de frutas contienen ciertas levaduras muy fermentables que hay que eliminar si se quiere tener seguridad de que no producirán luego su efecto.

Para que no suceda, uno de los requisitos esenciales es airear el jugo de fruta, es decir, que este jugo ha de dejarse reposar al aire libre (sin sol) de doce a cuarenta y ocho horas, según la temperatura y la calidad de la fruta. Durante el reposo se produce una fermentación, ciertas materias se cuajan, formando una espuma en la superficie. Se retira perfectamente esta espuma y a continuación se filtra el jugo, que ha de quedar transparente. Si esta limpieza se hace deficientemente quedarán en el jugo materias mucilaginosas y levaduras que luego fermentarán.

A pesar de esta clarificación, por perfecta que sea, quedan aún materias fermentables que hay que eliminar: 1.º La proporción de azúcar ha de coincidir con la acidez de la fruta; 2.º El jarabe, una vez embotellado, se ha de conservar en un sitio fresco y seco.

Punto de cocción. — El jarabe ha de tener el punto preciso. Si tiene menos grados, tendrá un exceso de agua que favorecerá la fermentación.

El jugo se ha de hervir para que la ebullición destruya las bacterias que hayan quedado después de la clarificación y filtrado. Pero será muy nocivo si para obtener de repente la graduación necesaria se aumentara inconsiderablemente la cantidad de azúcar estipulado; poniendo exceso de azúcar, no se fermenta, pero se cristaliza estropeándolo.

La proporción de azúcar en los jarabes de fruta. Una buena proporción será dos kilogramos de azúcar (de pilón o en pedazos) por kilogramo de jugo de fruta (atiéndase, sin embargo, a las "cantidades" de cada receta).

Y lo advertimos seriamente: no se adelantará nada con ponerle menos de lo estipulado, pues como el jarabe ha de marcar 32 grados, si se le pone menos, habrá que cocerlo hasta conseguir por concentración dicha graduación; resultado, menos jarabe y menos aroma, evaporados por exceso de cocción.

El jarabe de frutas, para conservarse ha de tener 32 grados en caliente y una vez frío de 36 a 37 grados.

Acidez de los jarabes de fruta. — El jarabe de fruta ha de contener el ácido necesario para impedir el desarrollo de las bacterias fermentables.

El jugo de grosellas, de limón y de naranja contienen bastante ácido; en cambio, los jugos de cerezas, frambuesas y moras carecen de él; por tanto, es necesario añadirles, *antes de cocerlos,* un gramo de ácido cítrico por cada litro de jugo.

Nota. — Conviene dejar enfriar y reposar el jarabe antes de embotellarlo y el mejor preservativo para que el jarabe de frutas no fermente es esterilizarlo sometiéndolo a ebullición al baño de María.

Utensilios necesarios

Necesítanse uno o dos barreñitos de loza ordinaria; éstos han de estar esmeradamente limpios. Un cazo o calderillo: han de ser nuevos o, cuando menos, tener el esmalte entero y exageradamente limpios, pues en los jarabes y almíbares sobresale cualquier vestigio de grasa.

Nota. — Es por esto que tanto insistimos en que se tengan cazos y cucharas de madera ex profeso para dulces y almíbares, pues por mucho que se laven nunca desaparece del todo la grasa, el gusto a cebolla, etc., sobre todo en las cucharas.

Los jarabes se han de embotellar en botellas de champaña (éstas pueden adquirirsse por poco precio en sociedades y restaurantes y aconsejamos que, no siendo grande el consumo que se haga de jarabes, se embotellen en medias botellas, pues no conviene tenerlas descorchadas indefinidamente. Han de estar muy *limpias y secas.*

Para el ulterior filtrado del jarabe, así como para embotellarlo, utilícese un embudo de cristal, forrado con papel filtro (se adquiere en las droguerías), pues queda más limpio que con un trapo.

Los corchos han de ser de superior calidad y *nuevos*. Se remojarán antes pasándolos en agua hirviendo.

Una vez encorchadas las botellas cúbrase el corcho y la embocadura de las botellas con parafina derretida a 35 ó 40 grados. Si se someten a esterilización, no se pone la parafina hasta después de esterilizadas.

Consérvense los jarabes en sitio fresco.

Embotellado y esterilización de los jarabes

Como hemos indicado antes, las mejores botellas son las de champaña. Se limpian y, para que escurran el agua, se colocan boca abajo.

Se llenan con el jarabe de fruta y se dejan en **reposo** veinte minutos. Se cogen entonces las botellas, una por una, y se sacuden para que salte fuera la espuma o el líquido sobrante y acto seguido se encorchan.

Nota. — Entre el corcho y el jarabe ha de quedar un espacio libre (de 2 a 3 centímetros) y el corcho no ha de meterse del todo, sino sobresalir como un centímetro fuera de la embocadura. Han de sobresalir fuera porque están expuestos a saltar durante el esterilizado del jarabe; para que no suceda es necesario atarlos fuertemente a las botellas con un bramante muy resistente (pues tienen que resistir una presión enorme). Una vez encorchadas se ponen en fundas de paja, luego en un gran caldero proporcionado al número de botellas, y cuando menos de 7 a 8 centímetros de más altura que ellas, se pone paja o virutas, se colocan encima las botellas bien enfundadas en paja para que no se rompan al chocar unas con otras (si es necesario se calan con más paja o virutas). A continuación se vierte agua fría en el caldero; ésta ha de sobrepasar en 3 ó 4 centímetros las botellas.

Se hace hervir a la primera despacio y bien tapado el caldero; se tiene hirviendo sin parar *una hora* si las botellas son de litro, y si son de medio litro, media hora. A medida que se consume el agua se añade la necesaria, cuidando de verterla hirviendo y de que sobrepase en 3 ó 4 centímetros las botellas. (Para añadir más agua no se ha de esperar a que baje, pues si no sobrepasa los corchos la esterilización es nula.)

Cuando el jarabe ha hervido el tiempo indicado se retira el caldero del fuego, pero no se sacan las botellas del agua hasta que estén completamente frías, pues si se retiraran de repente del baño hirviendo, con el contacto del aire estallarían.

Una vez frías se guardan en un sitio seco.

Estando el jarabe bien esterilizado se conserva bueno por tiempo indefinido.

Proporción del azúcar en los jarabes de fruta

Véase "Proporción del azúcar en los dulces de conserva".

ADVERTENCIA MUY IMPORTANTE

Como podrá comprobar el lector, nosotros aconsejamos se utilice, para la fabricación de jarabes y almíbares, con preferencia a cualquier otro, el azúcar de pilón, que se partirá en casa a martillazos; después el llamado "cortadillo", pero éste ofrece un peligro. La sierra para despedazarlo suele engrasarse, y si se tiene la mala suerte de adquirir los primeros pedazos que ésta haya serrado se corre el peligro, como hemos dicho antes, de que estén algo impregnados de grasa, la que es muy perjudicial para la buena conservación de los jarabes (para contrarrestar este efecto, se suele añadir al almíbar sea glucosa, sea jugo de limón). El azúcar cristalizado es bueno, pero resulta muy caro. El más económico, el azúcar molido corriente, pero éste ha de clarificarse perfectamente antes si se le quiere utilizar para conservar jarabes de fruta, frutas en almíbar, etc. (yo no soy partidaria de éste para jarabes, pues, no sé si será aprensión, siempre me sabe algo a clara de huevo).

Jarabe de naranjas

Cantidades (para cinco litros). — Un litro de jugo de naranjas; medio decilitro de zumo de limón; tres litros de agua; 1 ½ kilo de azúcar de pilón o en pedazos); dos cortezas y media de naranja.

Nota. — Para exprimir las naranjas y limones hágase uso de un exprimidor de cristal (utensilio muy limpio, práctico y barato).

Procedimiento. — Exprímanse naranjas hasta obtener un litro de jugo y exprímanse limones hasta conseguir el medio decilitro necesario y pónganse ambos jugos en un barreño.
Con un cuchillo fino levántese la superficie amarilla de dos cortezas y media de naranja y agréguese al jugo. Déjese todo en maceración mientras se confecciona el almíbar. Para esto, póngase el agua y el azúcar en un cazo y cuando aquél se haya derretido hágase cocer a fuego vivo para que rompa en seguida el hervor. Espúmese y déjese enfriar.
Una vez frío agréguese al jugo de naranjas y limón y déjese en maceración por espacio de tres horas. Transcurrido este tiempo fíltrese por papel filtro o por un trapo de trama apretada y mojada con agua y llénense las botellas dejando unos dos centímetros libres entre el líquido y el corcho (ténganse éstos cinco minutos en agua hirviendo antes de emplearlos).
Tápense los corchos y la embocadura de las botellas con parafina derretida.
Guárdense las botellas en sitio fresco.

Nota. — Es más seguro esterilizar el jarabe; esterilizándolo no se cubre con parafina hasta después de la esterilización.

Jarabe de grosellas

Cantidades. — Un litro de jugo de grosellas; 1'800 kilos de azúcar en pedazos.

Nota. — Necesítanse aproximadamente dos kilos de grosellas para obtener un litro de jugo.

Procedimiento. — Exprímanse las grosellas metiéndolas en un trapo y retorciéndolo hasta obtener el litro de jugo necesario (o más litros si se opera en mayor cantidad).

El jugo se recoge en un barreño de loza o en una cazuela de barro *(nunca* en metal, pues lo ennegrece y lo descompone); se cubre con una servilleta y se deja en reposo veinticuatro horas en un sitio fresco.

Se va formando una espuma en la superficie, conociendo que está en punto cuando por debajo el jugo aparece claro.

Quítese dicha espuma con una cuchara de *plata* y fíltrese por papel filtro sin apretar.

Póngase en un calderillo el jugo filtrado y el azúcar (no se asusten por la cantidad de azúcar, que tal vez parezca enorme, pero que es necesaria) y hágase calentar a fuego moderado. Cuando rompa el hervor espúmese de prisa para que la clarificación coincida con el punto exacto de cocción del jarabe, que suele tardar solamente cinco o seis minutos.

Gradúese entonces el jarabe: ha de marcar treinta y dos grados en el pesajarabes (véase "Puntos del azúcar"). Si tuviera más, no tendría importancia; se retira del fuego y se le añade agua *hirviendo* hasta rebajarlo a los treinta y dos grados que ha de tener.

Obtenido esto, vuélvase a filtrar por papel filtro y cuando se haya templado llénense las botellas dejando dos centímetros libres entre el líquido y el corcho (ténganse éstos cinco minutos en agua hirviendo).

Nota. — Siempre es más seguro esterilizarlo; si se esteriliza, se sujetan los corchos a las botellas con bramante fuerte y una vez frías se cubre el corcho y la boca de la botella con parafina derretida, y si no se esterilizan, se hace esta operación seguida al encorchado.

Otra nota. — Si el jarabe resultara descolorido, avívese añadiéndole unas gotas de carmín vegetal, producto completamente inofensivo.

Jarabe de frambuesas

Cantidades. — Un litro de jugo de frambuesas; 1,800 gramos de azúcar (de pilón o cortadillo); un gramo de ácido cítrico.

Nota. — Para obtener un litro de jugo de necesitarán, aproximadamente, dos kilos de frambuesas.

Procedimiento. — Opérese como hemos explicado para el "Jarabe de grosellas", pero agregando al jarabe el ácido cítrico. Obtenido el jarabe a treinta y dos grados, se deja enfriar, se agrega el ácido cítrico, se filtra por papel filtro y se llenan las botellas.

Este jarabe ha de hervir de prisa para no perder aroma.

Nota. — Si resultara descolorido, avívese añadiendo al jarabe unas gotas de carmín vegetal, producto completamente inofensivo.

Jarabe de fresas

Cantidades. — Un kilo de fresas (sin los rabos), dos kilos de azúcar (de pilón o cortadillo); un litro y medio de agua; un gramo de ácido cítrico.

Procedimiento. — Pónganse el azúcar y el agua en un caldero y hágase hervir hasta obtener un jarabe de treinta y ocho grados (o sea en punto de perla: cuando cogiendo un poco con los dedos, al enfriarse, se forma una bola no muy blanda).

Agréguense entonces las fresas, retírese el caldero del fuego, téngase así por espacio de siete minutos, moviendo el contenido del caldero de vez en cuando.

Añádase el ácido cítrico al jarabe y vuélvase a ponerlo al fuego y hágase hervir durante tres minutos, espumándolo bien.

Hágase pasar por un tamiz de cerda muy apretado; para esto se vierte en el tamiz y se deja que pase el jarabe *sin tocar a las fresas.* Cuando éstas queden enjutas, fíltrese la pasada por papel filtro (si es necesario fíltrese dos veces); ha de quedar transparente. Una vez frío embotéllese y encórchese como las anteriores y si resultara descolorido avívese con unas gotas de carmín vegetal, producto completamente inofensivo.

Jarabe de horchata

Cantidades. — 1,500 gramos de azúcar (de pilón o en pedazos); 800 gramos de agua; 250 gramos de almendras dulces; 75 gramos de almendras amargas; 125 gramos de agua de azahar; 15 gramos de goma arábiga pulverizada.

Procedimiento. — Elcáldense las almendras, móndense y pónganse en un mortero con 375 gramos de azúcar (en pedazos) y 65 gramos de agua. Macháquense hasta ponerlas en pasta fina.

Deslíase con el restante de agua y fíltrese por un trapo, retorciéndolo con fuerza hasta exprimir bien todo el jugo de las almendras.

Agréguese a este jugo el restante de azúcar y la goma y hágase cocer al baño de María hasta que marque treinta y ocho grados.

Añádase entonces el agua de azahar y fíltrese por papel filtro. Consérvese tapada hasta el momento de embotellarla para que no se forme nata.

Embotéllese y encórchese como las anteriores.

Jarabe de granadas (granadina)

Cantidades. — Dos litros de jugo de granadas (aproximadamente se necesitarán unas veintiséis granadas grandes y jugosas); 3 kilos de azúcar (de pilón o cortadillo); dos limones.

Procedimiento. — Desgránense las granadas, retirando todo lo blanco, amargo. Pónganse los granos bien desprovistos de pellejitos blancos, vuelvo a insistir sobre ello, en una servilleta; retuérzase ésta con fuerza hasta exprimir bien todo el jugo (si es necesario hágase esta operación por porciones).

Mídase el jugo extraído, échese en un caldero, añádanse tres kilos de azúcar por cada litro de jugo y el zumo de dos limones (fíltrese éste primero).

Una vez derretido el azúcar hágase cocer a fuego vivo espumándolo esmeradamente. Retírese cuando el almíbar tenga treinta y dos grados (véase "Puntos del almíbar").

Si resulta descolorido avívese con unas gotas de carmín vegetal, producto completamente inofensivo. Fíltrese por papel filtro y embotéllese como las anteriores.

Jarabe de cerezas

Proporciones. — Igual peso de azúcar que de jugo filtrado; un gramo de ácido cítrico.

Procedimiento. — Se quitan los rabitos de las cerezas y la *mitad* de los huesos. Se aplastan todas las cerezas y los huesos restantes en un mortero y el jugo obtenido se pasa por un tamiz. Este jugo se deja en reposo durante veinticuatro horas en un sitio muy fresco (que no le dé el sol). El recipiente será de loza o de barro, *nunca* de metal.

Se quita la espuma que se habrá formado en la superficie, se filtra por papel filtro y se pone a cocer en un caldero añadiéndole igual peso de azúcar que de jugo (azúcar de pilón o en pedazos).

Hágase cocer hasta el punto de perla (cuando cogiendo un poco con los dedos, al enfriarse, forma una bolita blanda). Espúmese bien, vuélvase a filtrar por papel filtro. Termínese como las anteriores.

Jarabe de mandarina

Cantidades. — Un litro de jugo de mandarinas; un gramo de ácido cítrico; 1,300 gramos de azúcar en pedazos.

Procedimiento. — Frótense las cortezas de varias mandarinas con unos cuantos pedazos de azúcar hasta dejarlos bien impregnados de zumo (no importa que se manchen).

Móndense mandarinas, aplástense los gajos, fíltrese por una servilla mojada, retorciéndola con fuerza para extraer bien todo el jugo, póngase éste en un barreño y déjese en reposo tapado por espacio de veinticuatro horas.

Quítese la espuma; resérvese el jugo.

Hágase con el azúcar y el agua un almíbar a punto de perla (cogiendo un poco de almíbar con los dedos y manipulándolo ha de formarse una bolita); añádase el jugo de las mandarinas y hágase cocer hasta el punto de "espejuelo" (mírese al principio del capítulo). Agréguese el jarabe al azúcar impregnado de zumo; retírese en seguida del fuego. Fíltrese por papel filtro y embotéllese como los anteriores.

Jarabe de goma

Cantidades para un litro de jarabe. — 600 gramos de azúcar (de pilón o en pedazos); medio litro de agua filtrada fría; 150 gramos de goma arábiga, blanca; un cuarto de corteza de limón.

Procedimiento. — Macháquese al mortero la goma; póngase lo machacado en un perol añadiéndole un decilitro de agua filtrada fría; póngase en la chapa, muy retirada del fuego; ha de calentarse apenas.

Póngase el azúcar en otro perol de cobre sin estañar o de aluminio, añádase el restante de agua filtrada fría y déjese que se vaya derritiendo; próximamente ha de necesitar unos quince minutos. Derretido el azúcar, póngase el perol al fuego vivo y cuando arranque el hervor retírese del fuego; bátase un poco de clara de huevo adicionándole dos cucharadas de agua fría; mézclese con la goma y échese todo al almíbar; añádanse además unas gotas de jugo de limón. Póngase de nuevo al fuego y hágase cocer removiéndolo con una espátula; cuando arranca el hervor retírese para que continúe hirviendo muy despacio. Espúmese perfectamente.

Retírese entonces del fuego, adicionándose unas peladuras de corteza de limón, *sólo* la superficie amarilla. Tápese y déjese reposar una media hora. Transcurrido este tiempo, fíltrese por papel filtro, llénese la botella y encórchese como lo tengo explicado.

CAPITULO IX

LICORES CASEROS

Nota explicativa. — Es casi imposible obtener con métodos caseros unos licores superiores, pues éstos generalmente se hacen por destilación; pero dentro del círculo reducido de que en la casa se pueda disponer se podrán hacer algunos por maceración, que resultan excelentes.

Su confección es poco complicada, pues tan sólo requiere de un embudo de cristal y de papel filtro que se adquiere en las droguerías.

Lo esencial es que los productos utilizados sean de inmejorable calidad, sobre todo el alcohol.

Licor de noyaux

Cantidades. — Un litro de alcohol de 90 grados; un litro de agua; 500 gramos de azúcar (de pilón o en pedazos); 100 huesos de albaricoque.

Procedimiento. — Cásquense los cien huesos de albaricoque, tírense cincuenta cáscaras, resérvense las restantes y las cien almendras.

Móndense éstas, quebrántense y macháquense un

poco las cáscaras. Pónganse las almendras y las cáscaras en un frasco de boca ancha, tápese ésta con un corcho envuelto en un trapo para que ajuste más y déjese en maceración durante dos meses, guardándolo en un local abrigado. Transcurrido este tiempo, póngase el azúcar y el agua en un perol, déjese derretir el azúcar, arrímese entonces a la lumbre, hágase hervir *sólo por espacio de dos minutos*, espumándolo, y déjese enfriar.

Una vez frío mézclese este jarabe con lo demás y procédase a filtrarlo. Para esto se necesita un embudo, que será, a poder ser, de cristal, y papel filtro con el que se forra el embudo. Se vierte en éste la mezcolanza y se deja que filtre, sin tocarla. Ha de quedar perfectamente limpia y clara; fíltrese si es necesario varias veces.

Llénense las botellas, encórchense bien y guárdense en un armario a buena temperatura.

Cuanto más tiempo se conserven tanto mejores serán los licores, no debiendo beberse nunca antes del mes.

Licor de naranja

Cantidades. — Dos naranjas; medio litro de alcohol a 90 grados; 750 gramos de azúcar (de pilón o cortadillo); una varita de vainilla; medio litro de agua.

Procedimiento. — Hágase derretir el azúcar en agua fría. Agréguese el alcohol; mézclese.

Pónganse las dos naranjas enteras y la vainilla partida en trozos en un frasco. Agréguese el preparado de alcohol. Tápese bien y déjese en maceración por espacio de dos meses.

Transcurrido este tiempo fíltrese el licor hasta que quede claro, cuidando de no verter el fondo; échese lo filtrado en una botella; encórchese; déjese en reposo en un local abrigado cuando menos durante un mes.

Curasao

Cantidades. — 100 gramos de cortezas secas de naranja; dos litros de alcohol a 90 grados; dos clavillos de especia, un pellizco de canela en polvo, 50 gramos de azúcar; un vaso de agua.

Procedimiento. — Pónganse las cortezas de naranja, la canela y los clavillos en infusión en el alcohol por espacio de quince días, teniéndolo al sol o delante del fuego, agitándolo de vez en cuando (ha de estar tapado).

Transcurridos los quince días se filtra, se le añade el azúcar derretido en agua. Se embotella y se encorcha.

(Véase la receta "Licor de noyaux".)

Brou de noix

Confecciónese con nueces a medio formar, cuyas cáscaras, blandas aún, podrán atravesarse fácilmente con una aguja.

Cantidades. — Veinte nueces; un litro de alcohol puro de 90 grados; 500 gramos de azúcar (de pilón o en pedazos); un cuarto de litro de agua.

Procedimiento. — Pártanse las nueces en pedacitos, pónganse a macerar en alcohol por espacio de tres meses.

Transcurrido este tiempo, hágase derretir el azúcar y cuando se haya derretido mézclese con el alcohol y nueces.

Hágase filtrar como hemos explicado en la receta "Licor de noyaux" y hágase en todo igual.

Licor crema de vainilla

Cantidades. — Dos palos de vainilla; un litro de alcohol a 90 grados; 500 gramos de azúcar (de pilón o en pedazos); un litro de agua filtrada.

Procedimiento. — Pártanse en pedazos las varitas de vainilla, pónganse en infusión en el alcohol por espacio de tres horas, tapado.

Con el azúcar y agua hágase un jarabe; agréguese al alcohol.

Fíltrese y embotéllese como lo hemos explicado para el "Licor de noyaux".

Anisete

Cantidades. — Seis litros de alcohol puro a 90 grados; 150 gramos de anís seco; 20 gramos de corianto; 20 gramos de semilla de hinojo; tres kilos de azúcar; dos litros de agua.

Procedimiento. — Se ponen todos los ingredientes en un recipiente (menos el agua y el azúcar) y se deja en maceración durante quince días.

Transcurrido este tiempo se pone el azúcar y el agua en un perol al fuego y se hierve durante diez minutos, se vierte caliente en el recipiente del alcohol y cuando esté frío se filtra, hasta que esté claro, por papel filtro. Luego se embotella, se encorcha y se guarda como las anteriores.

Licor de ajenjo

Cantidades. — 400 gramos de cogollos tiernos de ajenjo; 50 gramos de canela en rama; 25 gramos de granos de enebro; 3 kilos de azúcar (de pilón o en pedazos); 3 litros de agua; 8 litros de buen aguardiente; 2 gramos de raíz de angélica; 1 gramos de flores de maíz; 2 gramos de anís, y una pizca de azafrán.

Procedimiento. — En un recipiente pónganse *todos* los ingredientes, menos el azúcar, el agua y el azafrán, y se deja en maceración durante quince días. Transcurrido este tiempo, se pone en un perol al fuego el agua y el azúcar y se hierve durante unos diez minutos; se adiciona el azafrán ligeramente tostado y triturado con los dedos y se mezcla con el aguardiente. Una vez frío, se filtra por papel filtro hasta que quede bien claro; luego se embotella, se encorcha y se guarda como los anteriores.

Ciruelas en aguardiente

(Método rápido)

Procedimiento. — Escójanse ciruelas claudias maduras y *enteras* (sin rasgaduras en la piel), ténganse remojando en agua fresca por espacio de seis horas, después séquense perfectamente con un lienzo fino, échense entonces en frascos de cristal de boca ancha, teniendo cuidado de llenarlos solamente hasta las tres cuartas partes; échese, hasta dejarlas bien cubiertas alcohol puro de 90 grados y dos o tres pedazos de azúcar por frasco; tápense y a medida que vaya derritiéndose el azúcar añádase más hasta darles el dulzor necesario. Esta operación (la de añadir más azúcar) se hará diariamente por espacio de cinco o seis días.

Tápense herméticamente y estarán buenas para comer al cabo de un mes.

Guindas en aguardiente

(Método rápido)

Exactamente como la anterior, añadiendo un clavillo de especias en cada frasco.

Moscatel en aguardiente

Escójase un kilogramo de hermosos granos de moscatel (que no sea muy duro) y cada grano pínchese con una aguja, pónganse en un tarro o frasco, llénese éste con alcohol dejándolo en esta situación durante unos ocho o nueve días. Transcurrido este tiempo se cambia el alcohol por aguardiente superior, añadiendo dos copitas de buen coñac y 100 gramos de azúcar, se tapa herméticamente y se guarda en sitio fresco. No se utilizará hasta que haya pasado un mes.

Nota. — En vez de coñac se podrá ponerle kirsch.

FIN

EPÍLOGO

La Marquesa de Parabere. Notas sobre su vida

María Mestayer Jacquet nació en Bilbao, en la calle de la Ripa n.º 2, el 20 de diciembre de 1877. Su padre, Eugenio Mestayer y Merlier, era cónsul de Francia en Bilbao y su madre era hija de un famoso banquero de los Orleans y del Segundo Imperio. Tuvo una hermana, Luisa, y ocho hijos: Concepción, José María, Mercedes, Ramón, Fernando, Víctor, M.ª Teresa y M.ª Dolores.

En su infancia, al padre lo trasladan a Sevilla en representación del Consulado francés. Así, su niñez y juventud trascurrieron entre esta ciudad y Bilbao. Recuerda con cariño y añoranza su estancia en la capital hispalense. De su capacidad de integración da fe el diploma fechado en 1890 que la acredita como ganadora de un concurso de sevillanas a los 12 años.

Cuando vuelve con su familia a Bilbao, alterna sus estancias allí con numerosos viajes junto a su padre por Europa. En estos viajes, y en los que ya casada hizo con su esposo, antes y después de la Gran Guerra, conocería a personajes notables de su tiempo, desde un joven Marcel Proust hasta un anciano coronel William F. Cody, más conocido como "Búfalo Bill"; desde los sorprendentes personajes asiduos a círculos teosóficos y espiritistas de Mme. Blavatski, hasta los "proustianos" del salón de la Princesa Bibesco; desde Édouard Vuillard a Zuloaga y desde Luisa García Iturri en la Acción Católica bilbaína hasta el Gran Duque Cirilo, hermano del Zar, y la Princesa Tatiana.

Contrajo matrimonio el 12 de octubre de 1901, a los 23 años, en el Santuario de Ntra. Sra. de Begoña, con el abogado Ramón Echagüe y Churruca, sobrino del Conde de Motrico. Todo un acontecimiento en la villa, con familias conocidas entre los invitados y repercusión significativa en la prensa local. Su marido, descendiente del famoso marino Churruca, fue durante dos años Presidente del Club Arenas de Guecho, cuando estaba a la altura del Athletic de Bilbao.

Establecidos en la ciudad del Nervión, con una segunda residencia en Las Arenas, pasaron aquellos años de crianza y educación de sus ocho hijos hasta 1936, en que se lanzó a la aventura del Restaurante Parabere. Durante todo ese tiempo se terminaron de forjar sus conocimientos y fama culinaria.

Casada con un donostiarra, nacida en Bilbao, hija de diplomáticos franceses, pero, según confesión propia, casi no sabía ni freír un huevo y menos organizar las comidas diarias en el hogar, por mucha ayuda doméstica que tuviese. Así fue viendo que su esposo ponía toda clase de pretextos para no volver a casa al mediodía, quedándose a comer en su club, la Sociedad Bilbaína. Más por el instinto de preservar su matrimonio que por otra cosa comenzó a interesarse por los temas culinarios, afortunadamente para su esposo y para la posteridad. Desde pequeña, la influencia de sus padres, buenos gastrónomos como ya lo fueron sus abuelos, le permitió frecuentar restaurantes conocidos y, como confiesa doña María, le fue introduciendo esta pasión. La gran biblioteca de sus padres, su afición a la lectura, primeramente hacia la historia de heroínas fantásticas, como fue la otrora Marquesa de Parabere, emparentada con ella, fue aumentando su afición por la historia y la gastronomía, sus dos grandes pasiones intelectuales.

Parece ser que fue su colaboración culinaria con la cercana Parroquia de San Vicente de Abando y con las amigas vinculadas a Acción Católica y a círculos tradicionalistas y nacionalistas lo que la animó a impartir cursillos de cocina en el convento de las Hermanitas de los Pobres del Campo Volantín y en sociedades de *emakumes*. También de esta etapa pueden ser sus primeros artículos propiamente culinarios. Antes había escrito y publicado otros textos, recetas y comentarios históricos sobre cocina y gastronomía en *Excelsior*, de Bilbao; el *Diario Vasco*, de Donostia, y *La Nación* de Buenos Aires, periódico muy vinculado a la familia Ortiz-Echagüe, primos de su esposo. Empezó utilizando el pseudónimo de "Maritxu", que luego reservaría para sus colaboraciones en publicaciones de ámbito vasco. También colaboraría en revistas de Barcelona en los años treinta y cuarenta.

Una de las anécdotas más curiosas de la Marquesa de Parabere, muy relacionada con su afición a los temas culinarios, es la del frigorífico Westinghouse. Parece que escribió, posiblemente a finales de los años veinte, un artículo en revistas de Bilbao y de Buenos Aires sobre la importancia de los entonces novedosos frigoríficos eléctricos domésticos para la buena conservación de los alimentos tanto frescos como preparados o precocinados. Una tecnología que ya hacía tiempo era corriente en los grandes hoteles o restaurantes y en la industria alimentaria y que ahora se ponía a disposición de ama de casa (bueno, del ama de casa capaz de pagar lo que entonces valdría un frigorífico eléctrico...), que hasta entonces había de conformarse con las clásicas *fresqueras* y neveras de hielo.

El caso es que poco después recibió una carta de la dirección para Europa, en París, de la Westinghouse Electric & Manufacturing Company, anunciándole una visita. En efecto, fueron a visitarla dos caballeros de la conocida empresa norteamericana para darle la enhorabuena por su artículo, pedirle permiso para reproducirlo en la revista interna de la compañía, y rogarle aceptase como obsequio uno de los últimos modelos de frigorífico eléctrico puestos en el mercado por la compañía, que, efectivamente, se llevó a la casa de Bilbao. Parece ser que por allí desfiló media ciudad para ver el modernísimo aparato, que al parecer tenía de todo. Entre otras novedades incorporaba ya la dispensación de agua refrigerada y la de hacer de forma automática cubitos de hielo de varios formatos, que suministraba a través de un dispositivo externo.

En algún momento, hacia 1928 o 1929, empezó a utilizar el sobrenombre de Marquesa de Parabere. Mucho se ha dicho y escrito acerca de este supuesto pseudónimo, que no lo era del todo porque la Marquesa de Parabere fue una directa antepasada suya por parte materna, aristócrata de Borgoña, que ya en el siglo XVIII escribió en la Corte de Versalles sobre temas culinarios y de la que se dice que tuvo el favor de Luis XV. El nombre pudo ser sugerido por Alejando de la Sota (hijo de Ramón de la Sota), el decorador Mariano Lapeyra o el conocido anticuario Maqua, que conocían la existencia de la dama en cuestión.

A partir de la década de los treinta, la Marquesa de Parabere comienza a publicar sus recetas y sus libros. Sus amigos y admiradores la convencen de dar el salto a Madrid y comenzar su aventura en 1936, con el Restaurante Parabere. Uno de esos amigos fue Pedro Eguillor, *alma mater* de la famosa tertulia del café Lion d'Ór en la Gran Vía de Bilbao. Precisamente una poesía suya dedicada al marmitaco ilustra el inicio de libro más conocido de la Marquesa de Parabere, *La Cocina Completa*.

María Mestayer de Echagüe fue sobre todo una mujer generosa con sus convicciones, con su familia y sus amigos. Mujer poco convencional, en ciertos aspectos siguió los pasos de la rebelde Condesa de Pardo Bazán, a la que admiraba y cita en distintas ocasiones en sus obras. Del carácter de la Marquesa de Parabere nos informa ella misma en las reflexiones que hace en su libro *Historia de la Gastronomía*, publicado por Espasa Calpe en 1943:

> Quiero que mis lectores se convenzan de que esta obra mía, por humilde que sea, no es una improvisación; primeramente, y sobre todo, porque soy incapaz de improvisar, no entra en mi "clima". Tengo hechas algunas observaciones tocante a mi perso-

na, y he venido a la comprobación siguiente: soy inteligente, pero a pesar de ello, tengo una gran lentitud de concepción; hasta que una idea toma forma y se cristaliza en mi cerebro a satisfacción mía, tengo que hacer borradores y más borradores. Por tanto, mi labor es ardua, penosa, facilitándola, sin embargo, mi prodigiosa memoria –rara vez he de consultar textos–; la acometo con verdadera fricción y, sin embargo, preferiría no hacerla, dejarme vivir; mas mi espíritu siempre inquieto no me deja sosegar, y he de seguir, mal que me pese; a fuerza de cavilar me he persuadido de que esa lentitud de concepción tal vez sea debida a mi gran deseo de perfección; es congénita en mí, y no me permite asentar mis conceptos sino es sobre sólidas bases.

También quiero hacer constar que tengo que hacer muy a menudo un enorme esfuerzo por interesarme, sobre asuntos que para los demás son importantes y que a mí no penetran (eso es para quien los eche de menos).

Yo creo que el arte de la cocina es innato. Se podrá aprender a guisar, como se aprende a escribir; pero no porque se sepa escribir una carta uno es literario, ni tampoco uno es cocinero porque se sepa freír huevos o poner un guisado.

Para ser cocinero hay que sentirlo, y si no véase los miles de cocineros que han tenido el mundo y los pocos que han alcanzado el grado de maestro y la celebridad.

Por la minuciosidad de sus comentarios y pormenorización de sus consejos, fue predecesora, como señala el

EPÍLOGO

conocido periodista culinario José Carlos Capel, de la técnica del "paso a paso", auténtica pionera de un estilo didáctico hasta entonces inusual en los libros de cocina.

La Marquesa de Parabere comenta en el mismo libro *Historia de la Gastronomía*, lo siguiente:

> ... mi paladar me ha proporcionado más sinsabores que satisfacciones. El manjar, sea cual fuere, ha de estar perfecto para que me satisfaga; en cambio cualquier nimiedad me atormenta: el sabor fuerte de aceite, la mantequilla si no es de la más fina, el exceso o falta de condimento, para mí son verdaderos sufrimientos. Es absurdo, lo reconozco, pero no depende de mí. ¿Qué puedo hacer, más que callarme y disimular? Mi esposo, antes de servirse de un manjar, me observaba fijamente. ¡Qué conflicto para mí! Si ponía buena cara, se servía; si no, lo rechazaba, diciendo a la doncella con su prosopopeya de buen español: Tráigame dos huevos fritos con jamón.

A partir de los años cuarenta, el famoso libro de la Sección Femenina, y más tarde las *1.080 recetas* de Simone Ortega, compartirán las preferencias del público. A pesar de estos éxitos, los libros de doña María no dejan de estar en un gran número de hogares, y los ejemplares han ido pasando de padres a hijos. Libros que siguen publicándose actualmente y tienen influencia de las grandes escuelas clásicas de cocina, influencias de Augusto Escoffier o Jules Gouffé. Y cuentan con el reconocimiento de muchos cocineros que convivieron con ella: Ignacio Domenech, José Gómez, Francisco Mullor, Salvador Bandrés, Francisco

Roig Riera, Rondossini, Juan Lavigne, Dumont-Lespine, M. Bernard, H. Pellaprat y Gustán Derys, y su gran amigo Teodoro Bardají, entre otros.

El Restaurante Parabere

La Marquesa de Parabere, aprovechando el dinero de una herencia de su familia francesa, consiguió abrir el restaurante Parabere, que después de varias vicisitudes e intentos fallidos se situó en la calle Cádiz número 9, esquina con Espoz y Mina, muy cerca de la Puerta del Sol, reformando un local que había pertenecido al famoso matador de toros Martín Agüero, que a su vez lo había comprado a un famoso "pelotari". El local fue decorado con gran gusto por su pariente Maniano Lapeyra en un estilo clásico y al tiempo modernista, con lámparas tipo farol, vidrieras *art. nouveau* con motivos Lalique y luces bajas estilo Tyffany. Una decoración muy a tono con lo que se llevaba en los años treinta. El éxito fue inmediato y el Parabere se convirtió en el restaurante de moda en el Madrid de la preguerra, en donde se daba cita la clase política, la alta burguesía y la aristocracia "modernista" y "al día" de esos turbulentos años.

El estallido de la guerra puso término a la intensa y breve primera etapa del restaurante de lujo Parabere. Pero, sorprendentemente, no del todo. Requisado por la CNT- FAI, que controlaba el Sindicato de Hostelería, continuó su actividad, ya que interesaba que existiese un establecimiento en el que se pudiera atender con dignidad, en un Madrid asediado y bombardeado, a diplomáticos, políticos, militares y periodistas. Bajo la protección de milicianos armados del Sindicato de Hostelería (que, llegado el caso, eran camareros, pinches, e incluso sabían vestir de frac cuando la ocasión lo requería), el restaurante siguió dando de comer y cenar –bajo la dirección efectiva de la "camarada" María Mestayer de Echagüe y por algunos de sus hijos–, a militares rusos, jefes de Brigadas Internacionales como Thorez; periodistas y escritores como Hemingway, Malraux, Lillian Hellman, Alberti y María Teresa León, o el aristócrata Antonio Hoyos y Vinent; diplomáticos como Kennedy padre, o Rosemberg; políticos republicanos como Prieto, Besteiro y nacionalistas como Manuel de Irujo. El anecdotario del Parabere daría para más de un libro. Alguna bomba de aviación llegó a penetrar en las dependencias superiores, no rompiendo ni un plato. Llama la atención que en estas condiciones pudiera seguir funcionando a la perfección, organizando comidas y cenas, incluso a grupos numerosos. Tuvo, sin duda, protección oficial en los suministros, pero quizás fueron aún más decisivas sus especiales relaciones con el sindicato cenetista de hostelería y con la Embajada francesa.

Algunos de los asiduos al restaurante asistían por las tardes a la tertulia de la Parabere, en su piso de la calle Serrano, curiosamente a salvo de bombas. Los franquistas respetaban el barrio de Salamanca por ser de derechas la mayoría de sus propietarios. Allí se podía estar a salvo de sorpresas desagradables al estar protegida la calle por dos coches con milicianos fuertemente armados del sindicato cenetista. La casa estaba además bajo especial protección de la Embajada de Francia, cuya bandera ostentaba, y la familia disponía de pasaportes y visados franceses y de documentación oficial de la Embajada de la República Argentina, así como de la Legación del Gobierno Vasco en Madrid.

Estas reuniones, en las que se daban cita sorprendentes y contradictorias personalidades, el propio Irujo las llamó "Le Lion d'Or", recordando el famoso salón de té de la capital bilbaína. En el recuerdo estaban sus asombrosos piscolabis, con chocolate francés o belga a la taza, acompañado de "biscuits", licores, y otras exquisiteces, incomprensibles, casi surrealistas en un Madrid asediado, con gravísima escasez. Todo preparado personalmente por la "camarada marquesa" (como llegó a llamarla un dirigente sindicalista). Semejantes productos eran, evidentemente, enviados, junto con medicinas y prensa internacional, a través de la Embajada francesa por sus primos de Dijon y Poitiers. Al parecer en esos insólitos *tea-parties*, con variada y a veces peligrosa concurrencia, se procuraba hablar de todo menos de la guerra, incluso de algo que era la comidilla de Europa: las escandalosas relaciones del rey de Inglaterra y miss Sympson o de la interpretación de Fred Astaire y Ginger Rogers en un famoso filme musical, que sorprendentemente estaba en cartelera en ese Madrid alucinante. Pero la tragedia estaba fuera. En medio de estas reuniones, interrumpidas con frecuencia por las sirenas de alarma, se conocían detenciones, actuaciones de alguna checa o la muerte de algún amigo o conocido. También llegó la noticia del arrasamiento de Gernika, o el saqueo y destrucción de la casa de Las Arenas en Getxo por los "regulares" de Marruecos. Así se enteró también del fallecimiento de su esposo, en Bilbao, de una dolencia natural mal cuidada. Doña María siempre hizo todo lo que estaba en sus manos por ayudar a sus amigos y conocidos

EPÍLOGO

La toma de Madrid y el final militar de la contienda supusieron el cierre del restaurante de la calle Cádiz, que se trasladó a un nuevo local en la calle Villanueva, nº 7, esquina a Claudio Coello, muy cerca del piso de Serrano donde vivía la propietaria. Su estilo y decoración fueron similares al anterior, acentuando el carácter propio. Rápidamente recobró la clientela de antes de la guerra: aristócratas vueltos a Madrid; políticos, ahora del Régimen y de Falange; la nueva burguesía emergente y enriquecida con la guerra y el "estraperlo". Un gran éxito inicial que poco a poco se convertiría en la causa de su cierre definitivo.

Los tiempos habían cambiado en muchos aspectos. La clientela clásica de antes ya no estaba ni mucho menos en sus mejores tiempos y los nuevos clientes eran conflictivos y prepotentes. Los suministros eran muy difíciles, ya que además de la penuria del país, estaban las dificultades derivadas del estallido de la guerra europea primero y mundial después. La política de racionamiento hacía muy difícil el mantenimiento de un restaurante como el Parabere. La mayor parte de los productos y suministros estaban limitados y racionados o simplemente prohibidos, por lo que era preciso obtenerlos en el mercado negro. El obligado incumplimiento de todas estas limitaciones y reglamentos provocó numerosas sanciones, multas e incluso órdenes de cierre. Normalmente eran salvadas por la intervención de tal o cual amigo, cliente asiduo con cargo oficial, o "camisa vieja". Se produjeron situaciones verdaderamente esperpénticas. En una ocasión, en medio de una cena (después de cerrar el local), se presentaron varios individuos con uniforme falangista, las pistolas desenfundadas, gritando a los comensales que de forma inmediata se pusieran en pie con el brazo en alto y cantaran el "Cara al Sol". La duquesa de Almazán se negó en redondo, junto con otro comensal, quienes imperturbables siguieron con su "plato único" como si no pasara nada. Los energúmenos, encañonándoles con sus armas, amenazaron con la denuncia y detención, y al pedir la documentación se quedaron petrificados. El señor era el hermano de uno de los fundadores y héroes de Falange.

En estas condiciones la supervivencia del nuevo Restaurante Parabere era más que problemática. La puntilla fue un episodio entre absurdo y peligroso. El detonante fue el proceder de un conocidísimo marqués, cliente asiduo del Parabere, importante coleccionista y mecenas, carlista hasta la médula, que no había digerido ni el apoyo a la rebelión militar, ni la unificación con Falange. No paraba de conspirar contra el nuevo Régimen, organizando reuniones clandestinas a las que invitaba a sus conocidos mediante cartas entregadas en mano... por medio de su mayordomo. Finalmente detenido por alta traición y encarcelado, se hacía llevar a diario la comida a la cárcel desde el restaurante. Se preparaban y trasladaban varios menús, ya que solía invitar a otros detenidos con él. Un día la policía política detuvo al camarero que llevaba las tarteras desde el Parabere, en las que se descubrieron mensajes escritos por sus correligionarios carlistas desde el exterior. La sanción y orden de cierre fueron instantáneos, y esta vez por motivos muy claros y serios. Este hecho fue uno de las razones oficiosas que provocaron el cierre definitivo del restaurante, aunque no faltan quienes afirman que la verdadera causa fue que los aristocráticos clientes comían y simplemente no pagaban.

EPÍLOGO 201

La marquesa se retiró en su domicilio de la calle Serrano y más tarde en otra vivienda en la calle Espartinas, 3. Allí siguió escribiendo libros y colaboraciones para distintas revistas, trabajando incansablemente hasta el último día de su vida. La muerte le sobrevino por un coma diabético, el 19 de noviembre de 1949, un mes antes de cumplir 72 años. Fue enterrada en la Sacramental de San Justo. Cuando le sorprendió la muerte, estaba preparando su gran enciclopedia de Cocina.

Su obra culinaria

Sus dos libros más conocidos *Repostería y Confitería* y la *Cocina completa* (Espasa Calpe, 1930 y 1933), que forman lo que se ha conocido como la Enciclopedia Culinaria, representaron un hito trascendental en la escasa referencia culinaria de la alta burguesía en nuestro país. Con el tiempo, la seriedad de sus recetas, todas ensayadas como comenta ella al inicio de sus libros, y su riguroso academicismo convirtieron estos libros en un vademécum para el profesional y para el aficionado al noble oficio de la cazuela, la sartén o el horno.

En el año 1935 se publica *Platos escogidos de la cocina vasca*. En 1936 salen dos nuevos libros: *Conservas caseras* y *Entremeses, aperitivos y ensaladas*.

Después de la Guerra Civil sale a la luz su libro *Historia de la Gastronomía* que, como la autora confiesa, hace un sueño realidad: relacionar la Historia con la Gastronomía que eran sus dos pasiones intelectuales.

En 1947 colabora con Pastelería Royal y sale el libro *Pastelería levadura en polvo Royal.*

La editorial Espasa Calpe edita en 1993, con la colaboración de las periodistas María del Pilar Molestina y Pilar Marcos, una actualización de la *Cocina Completa: La Marquesa de Parabere. Sus mejores recetas cocinadas hoy* (1993), y *Los Postres de la Marquesa de Parabere* (1997).

Su última obra no publicada fue la *Enciclopedia culinaria,* que constaría de doce tomos. Esperamos que algún día, más pronto que tarde, podamos ir publicando los distintos tomos de están gran obra. Por justicia a la autora, por su titánico y esmerado esfuerzo y como legado a la sociedad, sus herederos hemos asumido este deber y en ello nos encontramos.

El presente libro, *Conservas caseras*

María Mestayer de Echagüe, la Marquesa de Parabere, cubre con este libro una necesidad de aquella época y, de manera profética, será de gran utilidad durante los duros años de la Guerra Civil y la posguerra. Sus dos ediciones datan 1936 y 1940. El título completo, *Conservas caseras. Hortalizas, frutas, pescados, carnes, caza, etc.,* concuerda con su filosofía de abordar los temas culinarios considerando sus distintas vertientes y materias.

Como comenta la autora en el prólogo, es partidaria de alimentarse con buenos productos, que no tienen por qué ser costosos: "Hoy en día las amas de casa se han percatado de que las conservas hechas en casa siempre resultan superiores a las de las fábricas, si no véase la diferencia de sabor y consistencia". Doña María presenta admirables recetas de conservas caseras, más bien familiares, que trasmitidas de padres a hijos han llegado hasta nosotros (hablamos de 1936), perfeccionándose en el transcurso de los años. Con esta nueva edición, en el formato y diseño de sus clásicos *Confitería y Repostería* y *Cocina Completa*, se consigue, al menos, volver a interesar a todos quienes creen en la obra de la Marquesa de Parabere y mantener en la bibliografía gastronómica una oferta a todos los interesados en la materia y de esta manera recuperar y no olvidar un libro fundamental.

La Marquesa de Parabere, con estos razonamientos, decidió publicar las recetas que le parecieron más idóneas, fáciles y perfectas y, como decía, las rellenó con un poco de ciencia y otro poco de la técnica moderna (para la época) y hacerlas más asequibles a todos. También incluyó algunas recetas de conservas extranjeras muy difundidas en aquella época en España.

Este libro tiene un doble atractivo: por una parte, la promoción de las conservas caseras como legado gastronómico y, por otra, proporcionar un texto con garantía y precisión, acorde con las virtudes de la autora en esta materia culinaria. Añadiríamos un tercer aspecto llamativo porque es un tema vigente, ya que la apuesta por los productos naturales y ecológicos renace en interés, conservando su encanto a pesar del tiempo transcurrido desde su publicación.

EPÍLOGO

Se puede encontrar más información sobre la Marquesa de Parabere en la página web dedicada a ella (www.parabere.com) y también en las redes sociales donde están abiertos canales de reflexión, información y debate sobre el papel que han tenido y tienen aquellos pioneros cuyo legado ha servido para colocar la cocina española en la cabeza del arte culinario mundial. Desde aquí su familia la dedica todo su reconocimiento y cariño.

Octubre 2011

J.A.E.M.V
G.E.M.V

ÍNDICE

	PÁGS.
A manera de prólogo	5

Primera parte.—Generalidades

Capítulo I.—Conservación de los géneros alimenticios por el sistema de esterilización de Appert 7
Reglas generales para la buena conservación de los alimentos 8
Envasado de las conservas 8
Observación sobre los tarros de cristal de cierre hermético a presión y con arandelas de goma ... 10
Observación sobre el encorchado de los tarros y botellas de cristal 10
Observación sobre el envasado en latas 12
Empleo del baño de María para conservas 13
El pesasales 15

Segunda parte.—La técnica. Legumbres y hortalizas

Capítulo II.—Conservación de toda clase de legumbres 17
Judías verdes.—Conservadas con salmuera o esterilizadas al baño de María 18

ÍNDICE

	PÁGS.
Judías verdes en salmuera, cocidas	18
La salmuera	19
Envasado	19
Judías verdes conservadas al baño de María	20
Espárragos	21
Conserva de espárragos	21
Envasado de los espárragos en frascos de cristal	22
Envasado de los espárragos en latas	23
Guisantes	23
Guisantes conservados al natural	24
Alcachofas	24
Fondos de alcachofas	24
Coliflores enteras	25
Tomates	26
Tomates enteros conservados al natural	27
Tomates al natural picados	27
Otra manera de conservar los tomates	28
Tomates en puré (pasta fina de tomate)	29
Tomates enteros	29
Los pimientos.–Pimientos al natural	30
Fritada de pimientos	30
Fritada de pimientos y tomates	31
Las aceitunas.–Modo de preparar las aceitunas	32
Otra fórmula para curar aceitunas	32
Aceitunas negras en aceite	33
Aceitunas aliñadas a la andaluza	33
Choucroute	34
Las setas	34
Setas desecadas	34
Setas conservadas en sal	35
Cepes (hongos)	35

ÍNDICE

	PÁGS.
Otra manera de cepes	35
Cepes en aceite	36
Sopa de hierbas (juliana) seca.–Conjunto de hortalizas cortadas en tiritas y secado	36
CAPÍTULO III.–Conservas en vinagre	37
Cebollitas en vinagre	37
Alcaparras en vinagre	38
Pepinillos en vinagre	38
Otra manera de pepinillos en vinagre	39
Melones en vinagre	40
Vinagre de vino.–Método para hacer vinagre	40
Vinagre de estragón	41
Pickles	42
Las cebollitas y los piminetos	43
La coliflor	43
El apio	44
Las setas	44
Las zanahorias	45
Los pickles	45

Tercera parte.–Pescados y mariscos

CAPÍTULO IV.–Las sardinas saladas o de cuba	47
Anchoas, arenques, mubles, etc.	48
Anchoas conservadas en sal	48
Pescados conservados al natural	49
Salmón al natural (Fórmula primera)	49
Caldo de vinagre o de vino para cocer el salmón	49
Salmón al natural (Fórmula segunda)	50
Cangrejos al natural	50
Pescados en aceite.–Atún mariné	51
Sardinas en aceite	52

	PÁGS.
Besugos en aceite	52
Salmón en aceite	53
Arenques	53
Filetes de arenque conservados en aceite	54
Arenques conservados al vino blanco	54
Arenques ahumados	55
Pescados escabechados	56
Sardinas en escabeche	58
Atún o bonito en escabeche	58
Besugo en escabeche	59
Truchas en escabeche	60

Cuarta parte.–Carnes, Aves y Caza

CAPÍTULO V.–*El cerdo*	63
Los condimentos.–La sal	64
Las cuatro especias	65
La salazón	65
Ahumado	67
Tocino	68
Manteca de cerdo.–Manera de conservarla y derretirla	69
Chorizos y longanizas	71
Reglas generales para la buena elaboración de los chorizos y embutidos	72
Las tripas	73
Embutidos de los chorizos y longanizas	74
Conservación de los chorizos y longanizas	74
Chorizos vascos	75
Chorizos de la Rioja	76
Chorizos de Candelario (Fórmula primera)	78
Chorizos de Candelario (Fórmula segunda)	78

ÍNDICE

	PÁGS.
Longaniza andaluza	78
Jamón	79
Salazón de jamones (Método casero)	80
Salazón de jamones (Método segundo)	81
Lomo de cerdo	83
Lomo curado	83
Lomo adobado y frito conservado en manteca	83
Lomo embuchado	84
Morcillas	85
Morcillas castellanas	87
Morcilla fina	87
Morcillas vascas	87
Morcilla francesa	88
Butifarra catalana (Receta primera)	89
Butifarra catalana (Receta segunda)	89
Butifarra negra	90
Lengua de vaca a la escarlata	90
Perdiz en escabeche	94
Purés de carne a la inglesa.–Para toastes, canapés, emparedados, medianoches, etc.	95
Puré de carne de buey.–Potted-Beef	95
Puré de jamón (Potted-Ham)	98
Puré de lengua (Potted-Tongue)	98
Puré de ave (Potted Chicken)	98
Puré de cerdo (Potted Lamb)	99
Terrina de hígado de ternera	99
Terrina de perdiz	100
Terrina de ave	102
Huevos.–Manera de conocer el grado de su frescura	103
Conservación de los huevos	104

PÁGS.

Quinta parte.—Conservación de Frutas, Mermeladas, Almíbares, etc.

Capítulo VI.—Conservas de frutas 107
Proporción del azúcar en los dulces de conserva (mermeladas, fruta en almíbar, etc.) 110
Punto de cocimiento o graduación de las mermeladas, frutas en almíbar, etc. 111
Tarros y frascos para mermeladas y frutas en conserva y cierre de los mismos 112
Cierre de las frutas en almíbar 114
Mermeladas y confituras.—Observación sobre la manera de cocer las mermeladas y confituras 114
Mermelada de albaricoques (Fórmula primera) ... 114
Mermelada de albaricoques (Fórmula segunda) ... 116
Mermelada de ciruelas claudias 117
Dulce de ciruela rallada 118
Mermelada de melocotón 118
Mermelada de cerezas 119
Mermelada de grosellas 120
Mermelada de higos 120
Mermelada de naranjas (Fórmula primera) 121
Mermelada de naranjas (Fórmula segunda) 122
Mermelada de naranjas amargas 123
Mermelada de moras 124
Mermelada de peras y albaricoques 125
Mermelada de peras y melocotones 126
Mermelada de agavanzos 126
Mermelada de tomate 127
Mermelada de zanahorias 128
Arrope 129
Frutas en almíbar (confitura) 130

ÍNDICE

	PÁGS.
Almíbar o jarabe	131
Confección del almíbar	131
El pesajarabes	132
Puntos del almíbar	132
Primer punto	133
Segundo punto	133
Tercer punto	133
Cuarto punto	133
Manera de clarificar el almíbar	134
Observación sobre las frutas conservadas en almíbar	134
Guindas en almíbar	135
Cerezas en almíbar	136
Fresas en almíbar	137
Higos en almíbar	137
Dulce o confitura de albaricoques	138
Dulce o confitura de fresas	139
Dulce o confitura de ciruelas claudias	140
Confitura o dulce de melón	142
Trozos de calabaza en almíbar	142
Naranjas en almíbar	143
Cortezas de naranja en almíbar	144
Cabello de ángel	146
Piña en almíbar	147
Dátiles frescos y rellenos, en almíbar	148
Dulce de castañas	149
Carne de membrillo	150
Jaleas	151
Jalea de membrillo	152
Jalea de naranjas	154
Jalea de moras silvestres	155

ÍNDICE

	PÁGS.
Dulce de cerezas con jalea de grosellas	156
Jalea de grosellas	157
Frutas confitadas conservadas en seco	158
Albaricoques confitados conservados en seco	158
Sandía confitada conservada en seco	160
Capítulo VII.–Frutas secas	163
Orejones (melocotones secos)	163
Otra manera de orejones	164
Higos pasos	165
Pan de higos	165
Reglas para desecar la mayoría de frutas	166
Nueces moscadas	166
Capítulo VIII.–*Bebidas.*–Jarabes de frutas	168
Utensilios necesarios	170
Embotellado y esterilización de los jarabes	171
Proporción del azúcar en los jarabes de fruta	173
Jarabe de naranjas	174
Jarabe de grosellas	175
Jarabe de frambuesas	176
Jarabe de fresas	177
Jarabe de horchata	177
Jarabe de granadas (granadina)	178
Jarabe de cerezas	179
Jarabe de mandarina	180
Jarabe de goma	180
Capítulo IX.–*Licores caseros*	182
Licor de noyaux	182
Licor de naranja	183
Curasao	184
Brou de noix	184
Licor de crema de vainilla	185

	PÁGS.
Anisete	185
Licor de ajenjo	186
Ciruelas en aguardiente	186
Guindas en aguardiente	187
Moscatel en aguardiente	187
Epílogo	189